安定的妈妈有力量

教养在生活的细节里

蔡颖卿 著

北京时代华文书局

图书在版编目（CIP）数据

教养在生活的细节里. 安定的妈妈有力量 / 蔡颖卿著 ; 陈丽杰主编.
-- 北京 ：北京时代华文书局，2019.1
ISBN 978-7-5699-2806-8

Ⅰ．①教… Ⅱ．①蔡… ②陈… Ⅲ．①家庭教育 Ⅳ．①G78

中国版本图书馆CIP数据核字(2018)第267220号

本书由 亲子天下股份有限公司 正式授权

教 养 在 生 活 的 细 节 里 ： 安 定 的 妈 妈 有 力 量

JIAOYANG ZAI SHENGHUO DE XIJIE LI:ANDING DE MAMA YOU LILIANG

著　　者｜蔡颖卿
图　　片｜蔡颖卿

出 版 人｜王训海
图书监制｜陈丽杰工作室
选题策划｜陈丽杰
责任编辑｜陈丽杰　柳聪颖
封面设计｜程　慧
版式设计｜孙丽莉
责任印制｜刘　银　范玉洁

出版发行｜北京时代华文书局 http://www.bjsdsj.com.cn
　　　　　北京市东城区安定门外大街138号皇城国际大厦A座8楼
　　　　　邮编：100011 电话：010-64267955 64267677
印　　刷｜小森印刷（北京）有限公司　　电话：010－80215073
　　　　　（如发现印装质量问题，请与印刷厂联系调换）
开　　本｜880mm×1230mm　1/32　印 张｜6.5　字 数｜150千字
版　　次｜2019年3月第1版　　　印 次｜2019年3月第1次印刷
书　　号｜ISBN 978-7-5699-2806-8
定　　价｜45.00 元

自　序

出版社来信说准备要印刷这本书了，请我给大陆读者一篇新序的时间，恰恰是我当母亲满三十二年的那一周。回家收信当天，我又刚好为一群妈妈们上了一整天的生活课，原本想年底再给的序言，在那堂课后，像是得到一个可以一吐心中真言最恰当的时机；于是当我展读那封请求提前给稿的信件时，觉得自己像是得到了一个年终岁除自省的礼物。

即使是一个当了三十二年的母亲，也是不断地在反省自己的言行教导是否得当。然而思考与反省绝不能"过度"，因为过度是一种耽溺；自责的形式会让人误以为那就是一种教育的改进，问题的解释，也会让某些人得到似是而非的结论，以为是自己能力不够，所以没能做成好父母。我认为这都是情感的挟持，对自己既无益，对孩子更是不公平。

如今我每周给小朋友们上三堂课，为父母们上一堂课，这四堂课的学生年龄跨度近三代，而我们师生各自的价值观反映出不同的生活经验。我的目标是：父母之间彼此鼓励，在养育最重要的阶段，把眼光与时间都放在孩子身上，努力当个好父母；但我不鼓励亲子之间一厢情愿地付出，孩子也该珍惜父母的心意，尽心当个好孩子。

回想起来，我真是一个平凡的母亲，平凡到不懂得如何指出父母师长教育我的时候，哪些方法有大问题，我只一心想留住自己所经验过的好方法，并试着站在上一代的大环境与物质条件上去理解他们之所以为人父母时，不能更宽裕，或更柔和的原因。就是在种种的理解中，我复制他们的教养爱心时，既不一味地以宽为爱，也不单向地以严为法。我既经过自己的成长，有着完整的育儿经验，又正在执行不同年龄的教育实作，当然知道为人父母不容易；但也没有困难到需要先成为一个完美的人，才能成为好父母。

世世代代的父母都是由生疏而熟练，也都是用爱心来养耐心的；只要步步踏实，就可以问心无愧地说：自己是个好父母。

我非常感谢出版社帮助我散播自己所珍惜的教养心得与生活实作的各种方法。敏慧的读者一定很快就发现我绝不是一个创新者，只是一个好古敏以求知，并力图实践所知的教学者而已。我相信"继承"与"创新"之间是没有任何冲突的。而我心中对前辈父母师长的感谢，就是这本书在台湾出版的时候，我为她取上书名的心情：我想做个好父母。

我是如此简单地想步上父母的后尘，继续当个好父母；我更愿鼓励新一代的父母们，一起努力当好父母！

导正错误的教养观念

洪兰

台湾"中央大学"认知神经科学研究所讲座教授暨创所所长

知道 Bubu 老师要出新书，心中很是期盼。她的书一向都能震聋发聩，导正很多社会的错误观念。

认识 Bubu 老师很多年了，我们虽然住得不近，也不常见面，但是时间和距离并不造成隔阂。每次见面，都能立刻进入主题，产生共识。我最认同的是她的价值观和济世的态度，她对孩子的耐心常让我自叹不如。我更佩服的是她的耿直，在现在是非混乱的社会，她敢说真话、千万人吾往矣的勇气，可以说是凤毛麟角了。

她的话不多，却每能直捣黄龙，例如在序文中，她对成熟的定义是"工作不用人监督，口袋有钱不花，有仇不报"，就令人激赏。

"工作不用人监督"就是我们所谓的 accountability。成熟的人对自己的行为负责，不要别人在后面催促；上班不是人坐在位置上就是叫上班，而是要把事情做好；"做一天和尚撞一天钟"不叫负责，而是要更进一步，确定所撞的钟有响，才算尽责。这中间的差别在用不用心、有没有把公家的事当作自己的事来做。

"口袋有钱不花"是当人有内涵，对自己有信心时，他就不需要珠宝来引起别人注意。一个人炫耀什么，就说明他心中缺少什么，一个人愈在意的地方就是他最自卑的地方。在"吹牛不打草稿"的现在，暧暧内含光的人才是值得尊敬的人。

至于"有仇不报"，那真是大肚大量，很不容易。我曾为了抗战胜利后，蒋介石对日本以德报怨深感不满，假如连孔子都说以直报怨，那么以德报怨，何以报德？我父亲听到后，便花60元台币，买了世界书局出版的《基督山恩仇记》给我看，要我学会人生的意义。在一九五六年时，60元是很多的钱，但父亲知道小说的教化力量比父母的说教来得大，他可以花钱，只要我能改变观念。这本书也真的让我看到，在报仇的过程中，自己的人生也过去了，人应该要学会放下。

Bubu 老师的书不论哪一本都很有启发性，我的年纪虽然比她大了一轮，但是每次仍能从她身上学到很多宝贵的经验。她的书值得看！

引导孩子发挥潜能，身心灵成熟平衡

陈蔼玲

台湾富邦文教基金会执行董事

　　亲子教育的许多课题都是选择题、申论题，鲜少是非题，更不会有绝对的标准答案。在变化莫测、人心惟危的时代，与其期待孩子功成名就，不如希望他们都能发挥潜能，成为身心灵成熟平衡的人。

　　然而，什么是教养最重要的原则呢？我和作者蔡颖卿的看法一致，是父母透过言教身教反映出来的价值观。

　　非常欣赏颖卿的看法及做法，让更多的父母及孩子因此书受益！

为了感谢的回顾与前进

在《亲子天下》写"生活笔记"这个专栏转眼竟已过了六整年。六年来，每两个月整理一点主旨环绕于观察教育的心得，这工作已慢慢从开篇中"除了担心日久做不好之外，也害怕在负担已重的工作中再加一桩新的责任，"转为一种抒发。借着占据于期刊一角的文字，我静静地体会自己在生命位置上，不同阶段的责任感，也体会了客观环境的大小改变对自己所造成的喜、怒、哀、乐与希望和担忧。

诚如前段说到，这些专栏文字被我自己认定为是"教育观察"心得，那为什么专栏设定之初不以"教育笔记"而以"生活笔记"命名？我在这篇结集的序中简单说明，希望能搭造读者与我之间意见交换的心桥。

"教育"两个字，无论在内涵与外延的界定上绝不能与"教学"等同而论；对我来说，自己从小到大各种各样的学习，如今已证明全指向于"生活"所需；包含食衣住行的自理与谋生的各种技巧、传承与正误前人对错的经验，当然，还包括大量非物质性的精神探勘，如满足、愉快。因此，"生活"两个字才是我所了解的"教育"。

虽然各种动物都懂得为生活而奋斗，但人类自远古以来就是为了生存与更好的生活而施行教育，可以说，生活与教育是并存的社会现象。我们的代代祖先把生存的知识与经验，透过各种方式散播交接；在今日我们所称的教育场所或制度都尚未成熟之前，教育过程已在漫长累积；因为生存的挑战与生活的需要从未曾停止过。

这本书所集结的篇章有些是因为感想而引发的实作，有些是因为实作而归纳出的感受。无论从哪一处开端，两种都是我生活的实貌：既感谢长辈们的教导有方，也希望能与后生晚辈同享此乐，共蒙此爱。这应是元朝马端临撰《文献通考》中所写的"有人斯可教，有教斯可学，自开辟则既然矣"的实情。

"教"与"学"与"教育"，是人类最共同、也是各民族源远流长的情感表达方式，而我是这源远流长中的一颗水滴，无法自大，也绝不自卑。

"生活笔记"这个专栏在《亲子天下》刊出的六年中已陆续

蒙杂志部编辑大力协助，如今既要成书，当然得在阅读呈现上重做思考，因此又劳出版部费心整理；而我也把原本受栏位字数限制的篇章补齐，又将因季节循环而重复的主题加以整理，合并或割舍。在重写稿子当中，好好地体会了"却顾所来径，苍苍横翠微"的感触。

写这个专栏所经过的六年，于年龄来说，是我生命中一个极重要的跨度。当我从"知命"之年的起点向"耳顺"的六十走去时，环境的变迁与社会价值观的改变，往往使我怀疑自己是否真正成熟了；有时候，我竟是在跟人争论、几近于吵架的状况中，才能说明我想要稳稳地站在这个年岁上的坚定；我是真心地想要以一种成熟的心态来讨论生活、讨论教育。

犹记几天前，我才跟八十六岁的母亲分享我对于众人所定义的"成熟"中，最喜欢的一种说法："工作不用人监督，口袋有钱不花，有仇不报。"当时，妈妈正坐在我家的一张躺椅上，听我讲完这句话后，她竟激动地想探身坐起，被金边眼镜阻隔的双眼，散发出一种我从小熟悉的理性光芒，母亲跟我说："很好，这句话说得真的很好！"

"教育"，也许就是在生活中把人教成：不要花招，工作不用人监督；不虚荣，口袋有钱也不受诱惑；善待自己，离开是非，拥有不自我纠结的自在。但这样的生活教育需要多少孜孜不倦、永不停息的好榜样？

　　于是，这本书等于是我的自问：我要如何成为这群榜样中的
一员？我要如何向过去养育与教育过我的长辈们看齐！

BuBu，完成于二〇一六年一月

母亲需要的安静

安静对我来说是两种状况——由外而内与由内向外。

当我处在一个喧嚣但陌生的环境时，有时候会感觉到一种异常的宁静，像在看一场消音的电影。但是，在日常生活中，我会刻意保留由外而内的安静。减少讲话的机会、减少活动聚会的机会、减少看或听无谓事物的机会。所有因为减少而节省下的时间，我就拿来做我"该做"和"想做"的事。

对我来说，生活不是许愿就会达成的梦，生活是一分一秒完成的过程。所以，我喜欢实行，很少花时间空寻方法；我也喜欢感受，很少直截了当问别人，这该怎么做？哪里有一条捷径？

如果我看到一个很棒的结果，我就观察、推想，再切入自己的生活条件里，找出属于自己的方法。连做菜，我都很少要配方。在想方设法中，实作教育了我。也因此，我不喜欢替别人出点子、归纳方法。我只是很愿意分享我所经历的感受，那些感受曾使我成长，或许，它也有机会使别人成长。

我常常问自己，我想要什么？答案似乎从来没有变过：好的生活。然后我又问自己，什么是好的生活？——食、衣、住、行、育、乐的质量都不错。

我定睛在这六个字眼上，仔细想着这些生活项目要如何达到我心目中的"质量"。想了一想就发现，"尽力"对提升每一种生活都有贡献。与其想着如何变成有钱人来过高级生活，我宁愿更务实地去想，要如何把同样预算的生活过出两三倍的质感。二十年来，我认为自己的确接近了预定的目标，因为总有许多人大大高估了我在生活中的金钱付出。

"好好爱惜"使我的生活看起来很丰富。居家环境的美，也全都从这样的维护与用心而来。因为要好好维护生活，我必得要有足够安静的时间，而这些在安静与劳动中付出的时间，又帮助我的心智有余裕思考问题、甚至创作。所以，它们是我生活中最良性的循环。家人常常觉得我写成文章的速度快得不可思议，那是因为，那些草稿全都在我坐上计算机前、操作家事时已在脑中完成。

安静使我有足够的时间可以观察。别人常说我很敏感。敏感是天生的吗？有一部分是，但是如果整天忙着听与说，人对事物的观察自然就浅。我喜欢为自己保留足够的安静，在安静中，心与眼总会看到一些微妙的东西。

安静与时间都得靠"减少"杂物而来。很多父母说，自己忙到一个月都没有机会看一点书。

百事待做的忙碌，我当然懂得，所以，我用看电视的时间来交换看书。我看书，就像有人每天看电视一样，是一种选择。因为比较喜欢看书，自然愿意舍去对我来说次要的项目。陪伴孩子或努力工作都像看书一样，是舍弃次要的时间而换取来的主要生活。因为是心甘情愿的选择，再忙心里也没有抱怨。

有位朋友看过《厨房之歌》（简体版名为《唯爱与美食不可辜负》）后跟我说，她觉得我是一个好早熟的人，怎能在那么年轻的时候，就把童年深刻的领悟带到自己的生命中再次体会。我同意她的说法。我的早熟使我坚持要拥有一种安静，在安静中，单纯对抗了混乱；这不是逃避，而是选择。就像二十年前我记下的阅读笔记中所说：

幸福的主要成分可能是对时间的态度。我们通常认为幸福的人，看来都似乎现状完整。我们见到他们总是整个的：愉快、注意力集中、对事情开明而不故步自封，处事时全心全力，而不会在事后长期懊悔忧虑。虽然如此，他们给人的印象是持久有恒。

他们不会一天一天的变化很大，几乎使人觉得他们的生命有某种程度的永恒：过去与未来、生与死，为他们结合成完整的循环。

匆忙中为自己预备的安定

在为人父母的某一个阶段中，接送孩子学习各种才艺大概是无可避免的任务。在路边的车上，我总会看到几张疲倦的脸，手扶方向盘、望着前方，当孩子敲车门时，那些从茫然中微微惊醒的表情，往往使我忍不住也从心里探出头来看看自己——面对生活的我，是不是也总有满脸倦容？

有一天，在黄昏的奔忙中，我发现最让我感到疲倦的原因，是自己没有为生活做好足够的准备。所以，在带孩子去上溜冰课之前，我把晚餐都准备起来；也请孩子在出门前帮忙把餐桌都布置好。上完课回家，大家进门后只要洗洗手，很快就可以用餐了。

我跟一位朋友提起这个想法，她说，虽然听起来很不错，但是她想不通其中的道理。不煮饭不是更省事吗？为什么反而让我感到疲倦？

我想是责任感吧！当我清楚自己负有安定一个家的责任时，如果因为准备不周而使节奏忙乱，自责就形成了一种压力。我害怕晚上家人推门而入时，家里没有一盏光、没有食物香，所以，做好准备才能使我的精神感到真正的轻松，也使孩子有好的生活供应。

就算是一锅简单的炖菜、一盘等着微波加热的炒饭，或用来配面包的浓汤杂煮，母亲的心也会因为这些提前的准备而安定许多。

照顾孩子的过程无非事事关心，如果在物质条件远比现在差的年代，我的母亲都能同时照管工厂、也照顾四个孩子，使我们的生活不曾感到缺乏，为什么我不能要求自己也做到呢？

我们曾经有两度在旅馆里等待搬迁到租屋去的经验。其中一次是在曼谷、Abby 要升十年级时。

住进旅馆时，学校都已经开学了，我心里隐隐感到一种慌乱的压力。走进走出，商业区的热闹喧嚣影响着我为孩子安顿生活的心情。孩子们转换的不只是环境，衔接课程时一定也会看到自己的学习缺漏，我能帮上什么忙呢？

这种时候，高年级的 Abby 总是受到较大的冲击。放学回到旅馆后，她打开计算机，忙着做起功课，时间抓得紧紧的，一刻也不得闲。Pony 小三岁，虽然课程的适应比较容易，但是她会紧跟着姐姐用功的脚步。安静中，紧张专注的气氛充满在小小的旅馆房间里。

我们下榻的曼谷旅馆里有个简单的厨房。我把房间留给孩子用功，自己去做母亲该做的事——为家人安排一顿可口的餐食。我走到隔壁百货公司的超市去，开始采购晚餐需要的菜。

回房间后，我先在炉上烧一壶开水，把切好的香茅冲泡出味道，加上蜂蜜送到女儿正在努力的书桌前。打断她们的用功时，我向两个孩子宣布，晚上要给她们煎绿胡椒酱沙朗牛排，书桌前马上扬起一阵小小的欢呼声。我在那阵喜悦的骚动里，紧紧抓住了一种安定的感觉。

走到浴室，在浴缸里放满水，再丢进刚刚泡茶剩下的香茅叶，准备催促其中一个孩子从书桌前起来，伸伸腰去泡个热水澡。

她们已经埋头做了好几个小时的功课；夜幕慢慢放下的时候，应该先洗去一身的疲倦，好好吃顿饭了。

目　录

contents

身教

chapter
01

食育

行导

言谕

身教

世人经常把"示范"与"身教"混为一谈。身教并不是亲师在某一种情境所采用的教育方法，而是他们为人处世的价值在日常实践上所产生的影响。因此，一个相信身教力量的好大人，对自己的检视与要求，总会多过对孩子的百般监督。

有身教的大人，对孩子只有一种情怀：跟上来吧！孩子，跟上我在做的。

饮食习惯是一个家庭的风格

我认为我的生活创造力是根源于领悟力，

而我的理解力就是奠基于母亲经常为我做这样的小分析。

在我与母亲相处的时日中，

她对我工作上的叮嘱总有美的教导，而不是刻板的要求。

在一年当中，冬至是我最爱的一个节日。虽然冬至不像中秋、端午与过年那样地被大肆庆祝，却是我认识母亲如何把娘家与夫家的生活习惯融合在一起的温暖节日。

每当与人谈起各自家庭的生活习惯时，有些朋友指出他们的习惯是依从父亲或母亲的原生家庭，有些弄不清来源，另有一批朋友则跟我一样，理家的母亲已经巧妙地糅合了双方家庭的生活习惯，在维持传统中，又自创了新生家庭的文化。通婚后的家庭要彼此适应的细节很多，最具体的当然是食、衣、住的方式，居住与穿衣两项往往受到合并生活的现实所限制，或跟随物质发展而不能不有大改变，唯有饮食习惯是最容易掌握或保留下来的风格。

小的时候，每到冬至，家中的咸汤圆一定有两种。一餐是用红葱头、香菇、鱿鱼在热锅中爆香所煮的碎肉汤，当中浮荡许多小白汤圆；汤圆之间有新洒的香菜与芹菜末，热闹可爱；这是母亲婚后从奶奶的厨房里学来的，也是父亲从小熟悉的冬至餐点。即使在爷爷奶奶并不与我们同住的某些年间，母亲还是一定会做我们称为"白汤圆"的这道客家美食。她交代负责搓汤圆的孩子们，要谨守的工作细则是：煮成咸汤的小白汤圆得搓得稍大一点才扎实；煮成甜汤的红白丸子得揉得小一点才"幼秀"。

我长大后工作这三十几年中，不停有人问我，我的美感教育得自何方？又可曾受过任何特别的训练？仔细想一下，我认为我的生活创造力是根源于领悟力，而我的理解力就是奠基于母亲经常为我做这样的小分析。在我与母亲相处的时日中，她对我工作上的叮嘱总有美的教导，而不是刻板的要求。想想看，妈妈的交代多么合于美食的情理：作为主食当然需要扎实才能饱胃；而作为甜品，如果不够秀气，岂不在饭后撑坏了已经八分饱的胃口？

另一餐，我们就会吃母亲少女时代在旗山娘家学会的鲜肉汤圆。精肉拌细葱的馅，被包在如乒乓球大的汤圆里，煮熟后与高汤、茼蒿同盛在大碗中，白的白、绿的绿，构图简单，内容精实，是我们每年都引领期待的佳肴。如果所做的鲜肉汤圆有剩，妈妈就把它压扁了，煎成糯米鲜肉饼，做我们午后的点心。如果没有肉馅了，但剩了糯米团，妈妈就把米团揉成拇指大小、油炸后沾细白砂糖做成"白糖粿"，那也是我们最爱的点心。

母亲的双亲都是福建人，从旗山嫁到台东的她，进入了汕头与梅县组成的婆家。她在生活中努力学习，并以最自然的方式为孩子保留了我们对祖辈的认识。有时候我不禁想，如果母亲并不尊重夫家的生活习惯，也许我这一辈子都不会像现在那么喜欢咸味的小白汤圆；我也一定不会在结婚之后，那么地想要了解并尊重夫家的传统，凡事向先生打听他童年的习惯。

维持一个家的传统，可以视为麻烦，也可以珍为礼物。我的母亲就是以后者引导我，大大增强我婚后适应另一个家庭的能力。我更喜欢母亲做这些工作时所展现的喜悦，养成了我对工作不畏繁琐的健康心态。

在台东成功镇长大那几年，母亲总在冬至前泡糯米，再托隔壁阿婆用她家的磨台磨成浆。软软的米浆被装在棉布袋里是不成形的，母亲请我协助她，把米水袋绑在一只长条凳上，再用绳子缠绕前后，压出水分做"粿脆"。看着水从布的织眼中慢慢滴出，儿时的我，对节庆的快乐也跟着节节高升，并永留心中。

脱水过后的米浆固化成块，母亲从棉布袋取出后，我们这些孩子就可以大展身手。无论搓汤圆或包汤圆，母亲什么都会让我们做，她知道训练孩子比阻挡或责骂更省时省力，因此我们从小就成为父母各方面的帮手。父母亲对我的生活教育都是根据于需要，因此，项目总是细琐，但对亲子彼此都很有帮助，我也因为能经常练习而能将"完整"与"不厌"视为工作习惯。

几十年后，大家已不再为冬至泡米磨浆了，因为随时都可以在超市买到糯米粉，一调水，就可方便地包汤圆。虽然，我承认用米磨出浆再脱水做成的汤圆比较好吃，但我了解，最可贵的并不是食物本身，而是那个家家户户自己动手的年代，父母的身影中总有勤劳力行的榜样。

我的实作，你的灵感

材料 //

水磨糯米粉、梅花绞肉、葱

球中球与精肉糯米饼

做法 //

01 把糯米粉按包装上的建议扣除一点水之后调成米粉团。

02 取约 1/10 的米团量，水煮至全熟。

03 趁热把生熟米团仔细揉和，这能使汤圆质地更好，并防止包馅时的龟裂。

04 买肉时请摊上把梅花绞肉用细口刀绞两次，回家后与切碎的葱仔细调和，可打上一点水或加适量的蛋白。用盐与白胡椒调味。

05 包馅时掌握把一个小球放入一个凹洞的工法，才能造就均匀的皮肉比例。

06 在平底锅上放上球，压成有厚度的饼型，饼与饼之间要保持适当的距离，以免彼此沾粘。

07 做这道点心可完全不加油，但要等到饼可轻易移动才可翻面，火不可大。分次以少量的水加盖焖煎至熟。每次加水前可翻一次面。

母亲是我的家事导师

我从母亲身上学到的过年哲学是：传统一定要维护，
生活不要因为方便而放弃自己动手的机会。
所有的"有条不紊"都是热情与能力的结合，
主持家务的人，缺一不可得其全。

　　二〇一〇年的跨年家庭聚会里，我听到母亲跟两个女儿说起我在成大上学的故事。母亲说，每到寒假前，我一定会早早写信回家报告假期什么时候开始，并在信中一再强调放假当天就会回家，请妈妈过年打扫的事务，必要等我回去再开始。我从初中离家住校后，一直维持着写平安家书的习惯。大学时期，电话已经很方便了，虽然我每隔几天打个电话简单报平安，但较仔细的学习与生活事都是靠写信与父母分享的。

　　那天在一旁听母亲说起三十几年前的回忆，有些细节已不复清楚，但八十高龄的母亲却如数家珍地盛赞着我的乖巧体贴，她说这使她感觉到当母亲真有价值。我不禁想，爱就是这么奇妙的事，我不过是一片当儿女的诚意而已，但母亲因为是我的家事导师，负责带领我如何体会，并以行动执行家庭爱，因此就倍感安慰。

回想起自己在成大念书那四年，回台东家确实对我是一段既甜蜜又辛苦的路程。我会晕车，但铁路还未开通前一定得绕东海岸公路回家。我在心中把这段路分为四段，从台南到高雄没问题，高雄到枫港是第二个较安全的段落，从枫港到大武路绕山而行，我的心情也开始纠结。我一向体弱，这段路中，袋子不敢离身，要一直等到太麻里，苍白的脸才开始放松。虽然每次都要经过这种恐惧，但看到家愈来愈近，雀跃与安全感又使我立刻忘了一路舟车劳顿的辛苦。

学生时代回家，我想的总是要服务家人、享受亲情，而不是要父母宠溺服侍我。母亲当然也总是费尽心思欢迎我们的归家，但最甜美的感觉是，我们都好珍惜一年当中唯一能相聚的几个月。我因为知道未来嫁人后一定不能再与父母长期同住，因此大学四年的寒暑假从不留校，想打工，也只在家乡当家教。回想起来，大学阶段心智都更成熟了，能留在母亲身旁领受更深难的理家之道，对我一生做事的条理实在是有很深远的影响。

中国人讲究齐家的实践力，所以孔子说："居家理，故治可移于官。"我从小看母亲一整年中要处理的日常生活与节庆活动，知道所有的"有条不紊"都是热情与能力的结合，主持家务的人，缺一不可得其全。有热情没有能力的母亲，家中一团乱；有能力没有热情的母亲，家庭不温馨。所以，我要从母亲带着我们准备过年的温暖记忆仔细说起。

大概是从小学一二年级开始，我对节庆所代表的"勤于工作之后的犒赏"就深有体会。

记得家家户户迎接过年的第一场重头戏，永远是从利用时间大扫除开始的。大扫除是"先劳动再享受"或"用劳动换享受"的体现；这不只是卫生问题，更有除旧布新的意义。而那时候的扫除，真是全家总动员，从窗棂到屋角、从天花板到床底，无一不清洁到里缝去。当时大家拥有的物质都不多，利用时间打扫就是表达珍惜爱护的方法。棉被、榻榻米全都摊出在阳光下捶打，每家或宽或窄、只要是可资利用的空间，全都堆满等待清洁的器物，而亲子工作之间的叮咛与呼应，不只是家庭教育，也是美好温暖的街景图画。

母亲会提前在过年前几天就开始做各式糕点。我年纪虽小，也不会无事可做。即使只是被派发去邻家要些叶子来当糕点的衬底或帮橘子糊上红纸腰环、搬些轻便的器物当跑腿，小小的身影穿梭在全家一起忙碌的气氛中，心中就充满兴奋与团结的感受。一年年过去，我从只能分担轻便工作的孩子长成跟着母亲学做年菜的少女，更在婚后渐渐成为有自信撑起为人长媳、尽心持家的妻子与母亲。用什么心情过年、以什么素材妆点新年，更成了我传承家风与教导女儿的生活实例。

我从母亲身上学到的过年哲学是：传统一定要维护，生活不要因为方便而放弃自己动手的机会。时代不同，在物质充裕、商业点子不停翻新的今天，只要我们愿意付出一些金钱，每天都可以过得比我小时候所经历的年节还要热闹丰富。不过，金钱买得到丰馈美食，却无法买到亲子齐心同工的习爱过程。

我也会在过年特别布置居家，但不用以添新物来表新意，只要勤劳，蓬荜也能生辉。所以，看到季节的果品或植物，动手扎个门环、做个桌饰，用最好的心情应节就能过好年。自己在品尝与观赏之际，也了解"过年"是一段辛勤日子之后的回顾与充满信心的前望。

红豆年糕

材料 //

铝箔盒、水磨糯米粉、水（与糯米粉同量）、已煮熟并加糖蜜甜的红豆（依自家的喜好酌其量，图示的量约占总量的一半，因此味道与颜色都很浓。）

做法 //

01 把所有材料调匀。

02 放入盒中时，稠度如图示，如可流动的黏土。

03 先用水蒸约 30 分钟后，如有烤箱，再用 110℃烤 20 分钟。如不用烤箱，在蒸熟后，用风扇尽快吹去表面的水气，颜色与质地都会更好。

蔬菜花桌饰

材料 //

发挥自己的想象力，从市场里取材新
鲜蔬果来装饰过年的餐桌。

做法 //

01 凤梨花里长出番茄，不是奇花异果，只是牙签的功劳。

02 置放时要想到稳固与合理。

03 折叠一朵与花相衬的缎带，把过年的兴致安放在家中的每一个角落。

生活传承不空谈

过去的父母更了解安顿孩子身心的方法：
拉他们一起工作、让各个年龄的孩子去负一些责任。

四月有清明节与儿童节，近年来总因为是否连休而引起多方讨论，新闻上见到很多假期里的消费讯息，只是不知道大家争取到多一天假日的同时，是否还怀念四月传统的生活习俗：寒食、扫墓、郊游。

小时候，我们对于四月祭祖总有一种期待，因为父母亲会盛大举办这个活动。而孩子们就在长辈父母持续地引导下理解了家庭的意义。家庭与其他社群不同，这是人际最初始的生活地，也应该是最坚固的情感堡垒。我们在家庭里学习被爱时的幸福与感谢，也在家庭中练习爱人的能力与方法。

对孩子来说，四月的扫墓当然有人多热闹的兴奋，但最重要的是，平日不易见面的亲戚唯有靠一年中的这一天才能相聚在一起。母亲教我，爱要由近至远；亲人的意义也要先从家人开始才至族亲。等我自己持家之后更发现，任何一个家庭想要有凝聚力，就要把家庭活动办得非常隆重，而这需要仰赖一位不嫌烦劳的主妇，她的家庭价值观将攸关整个家族的凝聚。非常幸运地，我就是被这样一个持家有道的女性养育长大。

母亲是家中的长媳，在那个时代，她应该被界定为"读书人"，但一旦成为人妇人媳，学历不能作为在职或持家的分界，家庭责任最重要。这也不难理解，良妻犹如良相，能使家庭兴旺。母亲告诉我，她初婚时，凡家中三代所有祖辈的忌日都要祭祀，再加上年节，她等于每个月都在忙"祭祖Party"。于是，聪明的母亲婚后先接受长辈的指导，踏实地以家中规定完成一年的任务之后，再对公公婆婆与族亲长辈们提出更好的办法。让各房分工，不用多处奔波，清明当天再大规模地全家族会合于一处。因为计划周详，获得长辈们的首肯，实施之后更博得称赞。

记得整个四月，从计划到着手，无论做什么，家中的大人都很乐意让我们帮忙。大人之所以允许孩子做事，一方面是真的需要帮手，另一方面则是过去的父母更了解安顿孩子身心的方法：拉他们一起工作、让各个年龄的孩子去负一些责任。他们不是为了教育而教育，而是为了生活而教育。这个责任的训练经过了三代，已在我的手足与堂兄弟的身上都看到了结果。

蔡家的祭祖活动已在十年前就从我父母与堂叔一代的手中，传交给下一代来轮流主持。如今四月，大家事先联络，择定一日由各地回到家乡，学习祖父母辈与父母的做法，联络亲属、准备祭品、祭后餐聚。在忙碌现代人的生活中，这一年一度的相会所代表的责任意义，也许就是在童年感觉的一片热闹中看到的血浓于水。

记得几年前，母亲曾对我称赞我的堂弟。那一年，刚好轮到他们这一房主祭，因堂叔已逝而婶婶身体不好，于是大堂弟就找母亲细细商量，希望大伯母教他如何准备。当我听母亲对我描述起堂弟是如何用心记录、如何不厌其烦时，我的心与眼睛都是热的，即使这个堂弟一直还未成家，但他的心中显然对家庭责任已经有最完整的认识。

童年对四月祭祖的印象，除了在一片慎重其事中感受到"祭如在，祭神如神在"的隆重之外；还有母亲透过食物，上对长辈表达的敬，与下对子女依依照顾的爱。

四月除了祭祖之外还有寒食大事。爷爷、奶奶都好爱吃润饼，所以，母亲那一日晨起便去采购，忙完一桌繁复的材料之后，就开始为大家卷饼。爷爷、奶奶、爸爸，我们一家三代围坐起来有八人之多，吃饼时，经常是一个人才拿到还没开始咬，另一个人已吃完等待着下一卷了。母亲不只手巧，更因为热情于服务他人，所以看别人吃总是比自己享受更快乐。她卷的润饼，台湾话说最"安单"，绝不会散落，所以每个人都倚赖着她。用餐中，大家并不自私，却没人能催得动母亲暂停先吃一个，或夹几口菜挡饿；她总是很兴奋地看着我们一卷卷下肚、一声声说好吃，直到大家都饱足了，才惊觉自己是该饿，也真的饿了。她坐下来，在我给她拿的餐盘上为自己卷一卷、咬一口后，看着我说："好吃！"

从童年能帮忙起算到嫁人那年，我跟在母亲身边所过的四月已超过二十年。那些准备食物的细节，不只让我学到能干、学到美感，还让我知道，能使家人感到快乐是多么积极有为的力量。婚后的这三十年中，就是母亲教我的种种能力，使我不断从服务中又再造新快乐！

润饼

润饼必备的材料有各式蔬菜，如高丽菜、蒜苗、芹菜、香菜、豆芽、春韭，还有瘦肉、蛋丝、豆干；当然，每家母亲都有自己的独家材料。我的母亲会加鲜虾与海苔，我的婆婆爱放乌鱼子；听母亲说，外公爱加嫩猪肝……透过这些家庭的故事，食物就不再只是食物，它是每一家的风格与故事。

润饼之所以得孩子爱，我想是因为花生粉与糖粉的组合很适合童味。做润饼时，混合糖与花生粉这种小事实在很简单，就别再抢孩子的工作机会了。润饼皮由高筋面粉制作而成，虽然筋度高、弹性好，但如果放置材料的顺序不够讲究，还是会破皮露馅。小时候母亲教我们：第一层不能先放花生糖粉，因为花生糖粉吸了其他食材中的湿度，皮就容易破。所以，第一层应该放比较干的食材，像蛋皮、豆干和肉，再放不同的蔬菜和花生糖粉，也可把花生糖粉夹在中间一层。

请注意饼皮与馅料的量要合比例，不要贪大。如果真的想包很大一卷，必须用两张饼皮交叠约 1/4，让面积变大。

卷的方法很简单，可将两边都收口，也可以露一边。通常用两张饼皮包成很大的一卷就只收一边，开口朝上，让吃的人捧着，这种吃法台湾话就叫"抱柱"。

若有剩的润饼皮，可以隔天再包入鱼条或熟馅油炸，就成了我们一般说的春卷（如左页图）。

孩子在厨房学到的事

过去的孩子需要在工作中有进度，
以应付生活实际的需要，
而现在孩子的家事教育却转为可有可无的体验，
因此很难化为能力。

　　二〇一五年十一月在吉隆坡演讲，因活动行程排得很紧，无法在抵达时安排出时间接受采访，主办单位于是请我以信件回答两家报社的采访。不约而同的是，不同报社的记者却同时问道："孩子在厨房到底可以学到什么？"

　　回顾人类的发展，无论哪一个时代或世界的哪一个角落，都是先求"生存"再求"幸福"。又因自古以来多数社会是以"家"为最小单位，因此这些能力就被称为"家事能力"，它包含了完成食饱、衣暖、居安、行便的各种能力。

　　我的原生家庭看重儿女生存的能力与自创幸福的目标，因此很早就对我们的家事施以全面的教育。我因为在家事中有过长时间的磨练，规模又从小演进到大，所以自认很深刻地了解到任何事，从计划到实现都需要能力、时间与耐力三种条件。

生活在全球化之后的十二月，食物虽然依旧是这个欢愉月份的象征，但烤鸡已不像过去那样地稀罕难得了。凡是取得太方便的事物，就很难以"需要"去教育一个人。但我自己童年坐在小板凳上仔细处理一只鸡的经验，仍历历在目，我相信那些思考在许多不自觉的时候，早已转化为我去处理其他难题的基本经验了。

我的姐姐长我五岁，今年已过六十，我们之间还有两个哥哥。从小家事都由四个孩子密切分工，彼此合作。母亲的论点是，责任只有规模的大小，而没有阶段性。我们每个孩子每天都有自己的家事责任要完成，没有人可以拿课业来当不做家务的挡箭牌。母亲也不希望我们只负责一样工作，自私地自扫门前雪，所以采轮替换工的方法，唯有如此，彼此才能代劳。

年节或重要客人来的时候，我们才会杀鸡。通常，这工作是由姐姐跟我从头收拾到尾。当我们姐妹在厨房为食物而忙碌时，哥哥们就上高下低，进行家中的大扫除。在我的印象中，我们的工作很多，却不像现在的手足同工那样地爱斗嘴或打闹。我们是真正需要工作进度来应付生活的所需，而现在孩子的家事教育却已转为一种可有可无的体验，因此很难成功。

姐姐会先把整只鸡放在热水中烫毛，之后再由我做容易一点的拔毛工作，然后她就去收拾热水锅等较危险的事。记得我们在做这些事之前，是从善后工作回头推想的，想好了应做的准备才动手。我们绝不会把鸡毛随地丢了再来冲洗，而是先把畚箕放好，畚箕上铺了报纸，再坐下来拔鸡毛。

烫鸡时，姐姐说，鸡的不同部位要烫到不同程度才好处理，比如说：鸡爪如果烫不够，脚趾上的松皮鳞片就难以脱落；姐姐是妈妈教的，于是我就仔细听从大姐对我的教导。我们也得在工作中动足脑筋以节省时间：先快速大致处理大片的羽毛，再用小夹子仔细巡视未尽的根管与细毛。我们连内脏都要处理的，所以我知道，鸡胗剖开后，如果连膜去掉，就不用先拿去砂粒与残食。现在，当我看到有些人先除渣、再洗净剥膜，就觉得这是无须浪费的两次工。

有没有必要以处理一只整鸡当家事教材，见仁见智。我想如果取材如此，它的意义是在于用"处理一件困难工作"来建立有效工序的思维，而不是非要学会这道料理。当然，借此机会也可以让孩子了解过去时日中，凡事亲力亲为的生活景况。

我曾在童年透过要处理一只鸡、一大只活章鱼而了解很多处事的条理。所以，有时候，我也喜欢让孩子去面对这种真实的生活。有些大男孩只在看到一块干干净净的鸡胸就脸色苍白到蹲了下来；有些女孩却在面对一整只鸡的时候没有尖叫，而在聚精会神中了解，"勇敢"就是把怕得要命化为有目标、平稳行动的艺术。

精确地做，仔细地检视

完美地
剥出一只虾

快速的社会不容易养出拥有精确的工作态度与能力的孩子。趁早透过生活化的项目来解说完美，让高标准从"空口说教"的层次落实在"有凭有据"的比对中。

做法 //

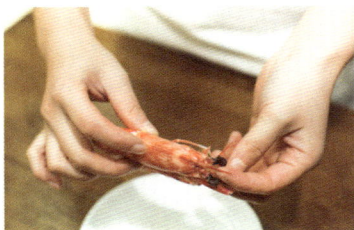

01 认识虾枪，为食用的安全与方便，先剪去虾枪。

02 脱下虾的头盔（或安全帽）。

03 从腹部层层脱下虾的紧身夹克，借此观察它为何既坚固又可弯曲。

04 完美地抽出完整的尾部。

完成！

孩子需要真心情愿的陪伴

我努力回想并实践父母与师长对我的关怀与教导，
也仔细观察时代的变化，以"不动根本动细节"为原则，
慢慢学习当母亲的功课。

在陪伴两个女儿的成长阶段中，我很少跟别人交换心得或花时间去探索快捷方式。一方面是工作与家庭已用尽我的时间与精力；另一方面即使是初为人母，我也已经深信前辈的经验很有价值，所以，一有疑问，我是向长辈讨教，而不是找同辈问方法。即使发现代代相传的教育有需要改善的地方，我也不会立刻反传统去做，因为在我十几岁的时候，父亲就教我开车，我了解调整问题好比开车时对车子行进方向的修正，如果车体偏了，方向盘只能微调，而不是大扭转；果真紧张兮兮地遇事就有大动作，车子可能会翻覆；改善教育的问题，应该也是如此。

我努力回想并实践父母与师长对我的关怀与教导，设法让孩子在身心两方面感到安全与舒适，也仔细观察时代的变化，以"不动根本动细节"为原则，慢慢学习当母亲的功课。转眼之间，两个女儿都已学成就业，我因此有时间去亲近其他的孩子，了解社会新一代的生命如何发芽茁壮。在透过实际的接触之后，我确信每一个时代的孩子所需要的守护与照顾，其实是一模一样的！

虽然，孩子的需要并没有改变，但提供爱与教养的大人却变了。我想是因为物质的取得比过去方便多了，大人不再像过去的父母，自己得担任物质生活的生产者或创作者，因此错失在过程中自然体会孩子需要的机会。

也许是因为很多照顾的事不用亲自操持，于是现代父母的爱或陪伴转向了对孩子进行更周到的服务。有一天在高铁上，我看到一位妈妈在服侍她的小女孩，真是大开眼界。她先把孩子安置坐定，然后为她打开平板电脑的游戏，随之立刻奉上一杯饮料与一份点心，然后自己才安心地坐下接受列车的服务。车程中，孩子需要吃薯条或喝可乐时，连哼都不用哼一声，母亲完全地掌握了递送的节奏。

又有一天，朋友在一家铁板烧宴请我们夫妻。先是已难想象孩子在上学日竟会出现在这样的餐厅中，继之看到孩子全神贯注在电脑前，吃喝也由母亲接应。以前读到"饭来张口"总觉得用来形容已有行动力的人太夸张，目睹当天那约莫五六年级大男孩连茶来都不用伸手之后，我才觉得那描绘也还未淋漓尽致。更让我惊讶的是，当这对母子用完餐要移至另一区去享用甜点时，他的书包杂物都是由母亲像章鱼一样地背在自己的身上，而且那妈妈也真的好像有好几双手一样，还能捧着一盘没吃完的东西，在那一小段路上不忘喂食，好让孩子能捧着电脑继续游戏。

孩子需要游戏的心情并不难了解，但父母大可不必把游戏的范围窄化，也不要曲解陪伴的意义。用服务来弥补爱，是教养中的下下策，父母应该设法了解，一起游戏所得的快乐并不一定要借嬉闹疯狂才能尽兴，而陪伴，也不是随侍在侧的宠爱或举家出游才能算数。

我相信现代亲子之间仍然有很深厚的爱，只是表达爱的方式渐趋物质化与娱乐化。孩子小的时候，父母可能没有想过无微不至的服务会成为孩子理解爱的阻碍，因为，被服务惯了的孩子没有机会练习照顾他人的方法。长大了，也不懂得要如何完成他们自身的责任，父母只好继续靠着吃喝玩乐的各种活动来维系亲子之间的相处。我们说"患难见真交"，亲子之间，难道不是有一天也要从责任中见到真情吗？

许多人喜欢用"重质不重量"来安慰不够时间亲自照顾孩子的父母。这句话很好，但它的意思是说：如果我们愿意坐在孩子的身边，就要真心情愿地跟他们在一起，无论工作或生活，在忙碌的脚步中，更不要浪费难得的相聚，不要让他人介入，不要让3C产品分心，好好地与孩子体会此时此刻的真义。

放下手机，关上电视

陪孩子认真缝一条小猫咪围巾

试着与孩子一起缝出一条实用的保暖围巾。不管基本功夫如何，你都可以欢喜地跟他一针、一针地接力，跟他讨论如何接合。这些同工的意义并不只在做出孩子喜欢的物件，而是帮助你们在生活实作中慢慢奠定彼此的工作默契，对谈出两代之间的价值基础，并建立一种不借娱乐也能静静相处的模式。

任何毛料布等宽等长两条，如用双色更可爱。

纽扣、搭配布色的手缝线两种、针眼大一点的针。（穿针引线要教到孩子能独立才有意义。毛料柔软，好拿也适合粗针，针眼较大，孩子学穿线才不会沮丧。）

做法 //

01 在第一层布的尾端先用纽扣与线缝出猫咪的表情。可以先跟孩子在纸上设计图样，根据布宽，找出正确的比例。

02 两层布相叠对齐，先以其中一种颜色的线缝合一次。

03 用另一种颜色的线沿前一线的空缺再缝一次，如此线与布料不但可以形成交错，线与线也跳色前进。

真正的礼物

孩子的心本是极容易被满足的，

当成人担心自己给不起更好的物质时，

孩子长大后记起的，

却是自己曾经受过的温和对待与教导影响。

　　照片中的烛杯是女儿的设计与手作（见第 40 页）。这几年，她停留在罗得岛求学，我们去探望她的时间总在夏天，因此不知道那小城堡一样的校区，是否在圣诞节里如她所做的烛杯一样的简单柔美与宁静。看到杯中缓舞的烛光，我回想她经过二十年的节庆洗礼之后的生活感受，那自然如天光的温暖，也把我带回了童年圣诞节的一片宁静。

　　我成长的滨海小镇只有一个小教堂与圣诞节有关，镇上没有书局，只有兼顾出租漫画与简单文具用品的小店会出售几款圣诞卡。卡片上的异国景物、银色圣诞都离我的生活好遥远，但有一件事却是因着圣诞节而深深打动我的，那就是一到圣诞节，我就可以感受到安静与愉快融合在一起的氛围。在那一两个星期中，母亲要我去街上买点东西时，我总是想办法绕道从教堂而过。只要眺望一眼小教堂的窗口，就可以因为感受到严肃中带着宁静的气氛而心头满涨，因而愉快一整天。当时，母亲虽然还未受洗，但她是准我跟着童年好友去教堂。所以在平安夜时，我总端坐在长条木椅上观看穿着洁白长袍演天使的好朋友，聆听风琴的伴奏与人声的颂赞。

圣诞礼拜过后总有小礼物，但礼物并不是我去教堂的目的。我感到快乐是因为在小教堂的氛围当中，有太多比实际礼物更好的感觉。也许是身旁大人都很亲切，也许是大家都轻声细语，也许是当时还没见过的雪国世界以纸剪的细片、棉花粘成的小屋出现在我的眼前，总之，那祥和供应了我所需要的满足。从那个时候开始，我大概已经朦胧地体会到，快乐并非是"东西多不多"的现实，而是"感觉够不够"的领会。

孩子的心本是极容易被满足的，当成人担心自己给不起更好的物质时，孩子长大后记起的却是自己曾经受过的温和对待与教导影响。

从乡下小镇的家中过完六年级的圣诞节之后，我离乡背井到台北的教会学校住读。虽然，庆祝圣诞节的规模扩大了许多，但环绕着我的仍然是非常适合于少女的单纯气息。有位来自夏威夷的修女教导我们唱英文诗歌，更年长一点的姆姆们为我们解说诗歌的故事。故事中那一百多年前一位年轻教士因为教区风琴坏了，在午夜弥撒前匆匆以六节诗歌写就的"平安夜"，让我印象最深。

学校不鼓励我们彼此送礼物，但我们会玩一种叫"小天使"的神秘游戏。那三天，每一个人都会在不知情的情况下受到自己的小天使捎来的服务。例如早上起床后，才到洗手间去盥洗回来，还未整理的床已铺得整整齐齐，但不到平安夜，谁都不知道自己的小天使是谁，只知道要不被自己的主人发现，要为她带来欣喜。在接受惊喜与创造惊喜的气氛中，这三天的照顾别人与受照顾，已成了我们圣诞节无可取代的礼物。

我不觉得圣诞节一定要借圣诞老人的名义来送礼物给孩子，我们也不用年年添购新物来装饰空间。旧物可以新装、快乐可以反复，成人需要的只是一点带孩子动手的热情，与不遗漏快乐的敏锐。那敏锐背后深厚的关怀，让乐趣从无变有、物质从简约变丰富，才是孩子会永远记在心中的幸福。

给孩子的礼物三则

心灵的礼物——音乐与诗歌

十二月当然也是音乐与人心交通最密切的一个月份，我们耳里听到的、心里无意中轻哼的曲调托着心情往上飞升。这首圣诞诗是好友惠苹过世前与我一起讨论翻译的，在斟酌其中的遣词用字时，我们心中充满了愉快的沟通。我觉得十二月与其他季节最大的不同，也在于它丰富的音乐与文学。带着孩子尽情享受这些心灵佳酿，在歌与文字的世界中，感受世间安宁的滋味，帮助他们了解精神礼物的可贵。

来吧！带着欢乐声／我快乐、快乐的男孩们
让我们燃烧圣诞之木／我慷慨的女主人
叮咛你们要／自由自在地开怀畅饮
让我们用去年的陈木／点燃今年的新火

为迎接满溢的祝福／请弹奏萨泰里琴
那甜蜜的好运／会随木头的燃烧熊熊升起

现在喝浓烈的啤酒／剥松软的面包
与切碎的肉／这是为独特的肉馅饼而预备的
而一旁的李子／将填满我们捏弄的派饼

圣诞诗　罗伯特·赫里克

圣诞饼干

十二月从烤箱出炉的甜点与平日有不同的装扮。圣诞的意象是雪花，而
雪花与糖霜又是多么巧妙的结合。孩子总有一双巧手，带他们在圣诞节
烤饼干，然后细细地在每一片饼干上画下自己喜欢的雪花图案，享受快
乐的一整个下午。即使台湾的冬天不下雪，那银色圣诞却因为结在饼干
上的雪花，而走入我们温暖的家。

材料 //

175 克无盐奶油、300 克白砂糖、1 颗全蛋、11 粒蛋黄、盐少许、5 毫升香草精、300 克面粉

做法 //

01 把常温奶油用电动打蛋器搅拌至软化，加入糖之后继续打到有蓬松的感觉。

02 改用木匙或刮刀把打发的奶油与蛋、香草精、盐拌匀。

03 将筛过的面粉与其他材料均匀混合之后，把面团放入冰箱冷却 30 分钟。

04 烤箱以 190℃预热。接着把面揉团成 0.3 厘米厚，用模型或杯子压出想要的形状，放上烤盘烤 8 分钟左右。

05 画糖霜时，洞口千万不可太大，否则线条无法表达细致之处。

手刻纸片圣诞烛杯

光影带给孩子一种梦幻的愉快，如果这些光影能亲手创作，他们就更高兴了。这个小实作可以用中国窗花的概念进行，也可以用纸雕的技巧完成。

材料 //

卡纸、可透光的纸、有铝盒底座的蜡烛

做法 //

01 在自己喜欢的卡纸上镂刻出各式图案。

02 描在色纸上,剪出同样的图案。

03 将刻好图案的软纸包覆在杯子之外后,里层再包上一层可透光的纸。

04 将有铝盒底座的蜡烛放入杯中,点燃蜡烛后就会呈现照片中的感觉。

爱的补习

每个人都有自己的生活条件与选择,
家庭之爱也应该在静心审视与时间的调配中, 补救学习!

虽然从未送两个女儿去上过补习班,然而,我认为自己对"补习"是非常有经验,并透彻了解其中的意义。

就字面上来看,"补习"就是"补救学习"的意思;凡是同在一个学习团体或某种社会应有的教育程度上没有赶上进度的人,就需要补习;所以,我们有"补校"给因故失学或辍学的人补上国民教育的程度。从这一点来分辨,"补习"的意义与今天孩子们"上补习班"并非同义词。我之所以强调这件事,是因为看到太多的父母送孩子去补习班是因为怕他们不能管理时间,或期待他们超前学习。混淆两义,反而错失学习应有的检视。

带两个女儿在不同国家受教育的十二年中,我常要面对孩子每到新环境就得补救课业的事实。我们帮助孩子的方法并非外出寻找他人代替教导之劳,而是一方面与他们讨论该如何加强管理自己的课后时间,及善用假日分段自修其他人已经学过的进度,一方面帮忙寻找自修需要的资源。有时候，我们夫妻也必须加入辅导的行列。比如说，两个女儿的中文就得由我教导，先生也曾在女儿们的高中阶段，辅导她们的化学与微积分。另有些专业的科目，孩子们落了进度，自己要求帮助后，课堂老师会单独辅导，以求尽快让学生"赶上"全班的进度。我记得大女儿在高二从曼谷国际学校转入新加坡美国学校时，因为不曾写过资料小论文，老师就曾在新学期的前三个星期中，每天要她课后留堂，特别紧密地辅导这项练习，而后顺利赶上进度；记得那个学年结束，她还拿到这个科目的特优奖。因此，父母不需要为孩子需要补习落后的进度感到紧张或失落。

需要补习的人，缺的只是别人已受教，而自己遗漏的部分，不见得因此就会永远落后。但如果进度并未落后，却眷恋补习的成效，就得在学习上付出"依赖鞭策"的代价，我认为这才是一个人在学习上真正的损失。要了解独立学习况味的人，要先摆脱受升等、考试鞭策，才能欢喜地"终身学习"。

我能以这种想法了解所有知识与事务的"缺漏学习"，是源自于自己既要工作又要理家，时间永远不够，进度经常落后。但我两样都深爱，又一心想尽力兼顾，于是，对于爱的功课，我就永远都在"补做"某些不能在正常时间完成的事物。

"补"对我来说是一种时间管理的概念，也是最纾压的生活方法。我因为"有补"而得到宽松的感觉。自己知道能利用其他时间把未能动手或做好的工作补起来，使责任能尽，生活质量如常，这就让压力得到释放。一个星期中，如果工作太忙，家中总会有未能经营完善的事务与气氛，我利用休假日来补，绝不让担心或遗憾愈积愈深。

就如每年暑假到来之前，我总会在心里计划一下，希望在孩子功课比较轻松的长假日，自己多带他们读些中文，补上平日里较为短暂仓促的亲子共学，也会与他们实作更多生活家务。这就是我们家一直都在进行的"补习"。

在演讲中，总有母亲提到，因为要上班而未能把家庭照料得如专职母亲一样周到，话语中显露出对亲子相处不足的遗憾与自责。我分享自己的经验，劝大家不要以为这是不可改变的状况。自二十七岁起，我每天都在工作与生活中两头忙，在二十几年的经验中，我得力于一种不自我限制的心情，设法补救不足。

对于上班时间正常的父母来说，利用七天中休假的两天来补平日未能完整的亲子相处，是最有效的方法，不一定要徘徊在"继续工作"或"回家照顾"孩子的挣扎之中。每个人都有自己的生活条件与选择，我深知家庭之爱也应该在静心审视时间的调配中，补救学习！

也许，你无法日日在夕阳余晖之下带着孩子去收衣服、教他们叠衣套袜，一如我们惯见的慈母身影。但不要忘了，太阳在假日也一样温暖照人，我们所羡慕的幸福同工，是可以随时开始的，爱是可以补习的。

亲子同工的假日早餐

可丽饼

材料 //

（完成份量 8 ～ 10 片）

牛奶 1/2 杯、中筋面粉 1/2 杯、常温鸡蛋 2 颗、无盐奶油 1 大匙、细白砂糖 1/2 大匙、盐少许

做法 //

01 把面皮的材料混合之后搅拌成十分光滑的面糊，封好放在冰箱最少 30 分钟，或隔夜也可以。

02 用小火把平底锅预热到中温，倒入面糊，快速翻转面糊使之均匀摊开成薄层。如果觉得太难，可以把锅先暂时离火一下，免得锅太热使面糊凝固成过厚的面层。

03 煎约 1 分钟之后，贴锅的底部会出现漂亮的金黄色，掀起面皮再翻煎另一面，也可以直接在锅中对折。

热狗八爪鱼

材料 //

市售热狗、海苔片

做法 //

01 把热狗的 1/4 切下，把头部下的热狗直刀分切为 8 小条。

02 在煎过后，刀切出的八爪会自然分开，在头部圈上海苔装置眼睛。

热爱生活就能激发创作与惊喜

那时的母亲不能不务实，

想方设法利用有限的条件已成了一种思考习惯。

虚心好学却不依赖别人的教导，永远都在动脑筋、在创造。

    有一天，我与父母亲饭后闲谈时，想起了我自己最早的童年记忆。父亲从主任升任校长后，我们并未立刻搬迁到有恒路1号、四周庭院围绕的日式宿舍。先前那个每两户连栋、十户自成一个天地的集合宿舍里，有父母亲与我最好的朋友，要离开跟他们守望相助的生活，实在不舍得。

    妈妈说，我们搬去校长宿舍时，我大概六岁多一点，那时的生活虽未留下多少照片，但某些景象却比留影更为鲜明，一点都不像是五十年前的久远经历。比如说假日里，门对门的中庭总有小朋友们的游戏声，那身影与装扮为什么在我的心版上镌刻地如此深刻，不因时光的磨蚀而淡忘。我对天空中蜻蜓高飞低舞的景象除了历历在目之外，更特别地记得有蜻蜓时环境的氛围。

直到现在，我一看到蜻蜓就雀跃无比，脑中立刻想起蜻蜓在台湾话的称呼"田婴"有多贴切可爱。我喜欢蜻蜓比纤细身体大很多的头，与如梳着包包头一般的复眼，它们透明如纱的羽翼时停时飞的娉婷模样，完美地保留了我对童年的一片痴心怀念。

环绕在那些日子中最好的记忆，其实是我对女性形象的尊崇；或许这样描述更真切，那段集居宿舍的生活使我见识到了女性的贤慧、严格与慈爱，以及她们如何让儿童在羽翼保护下也能提升，如何因着一贯的价值观，让自律与安全环绕孩子。这种印象使得我一生都为迎向同样的目标而努力。

学校里几位主任的太太都不是台东本地的居民，却因缘际会地成为人生最重要阶段的好友。妈妈是冈山人，詹妈妈是台南人，戴妈妈是高雄人。他们因先生的工作而远离家乡后，不只要迎接各自生活上的种种困难，也因为年轻友人与娘家远在山前而感到寂寞。但寂寞并不一定是让人连结起来的原因，心智追求的境界相似与欣赏彼此拥有的能力，才能使人成为莫逆。

几个母亲以家庭为中心，为经营出更大的喜乐而交换技能，在不便与忙碌中更彼此扶持，美好的友情构筑出我们童年生活中的许多回忆。戴妈妈面包的牛奶香、詹妈妈烤鸡的漂亮金棕色，与母亲千变万化的日式料理，对当时三家加起来刚好十个儿童来说，必定都是难忘的一段人生记忆。

真正以孩子为中心的安详气氛，绝对无法只用妈妈们一起为小朋友们做点心的"形式"来复制。因为前者是大人以安定、尽力而为而掌握的气氛，如果人在心不在，就只是一场社交活动。如今这种活动愈来愈多，总有大人自顾自地交换讯息而忽略孩子，也总有孩子因为感到不受重视而喧闹扰嚷；几个小时的乱哄哄，换来的如果只是疲倦，活动的质量就应该深入检讨。

"安定"是幸福必有的一种气氛，使孩子感到安全的，就是大人自己先有的安定；而"安定"绝不靠口头的承诺或解释，它仰赖的是专心的对待，这种心情能造就值得被回忆的生活小事。

就像如今我印象中除了食物之外，邻家妈妈也常聚在一起做居家的针线活。那时的母亲不能不务实，所做的每一件事，即使拥有今天人们打发时间的活动外貌，其实都是以面对需要或增添家人的快乐为目的。他们想方设法利用有限的条件已成了一种思考习惯。因为学习的范本与资源都有限，挑战与困难自然地成为最有效的训练。我看到这些母亲都很虚心好学，但他们却不依赖别人的教导，永远都在动脑筋、在创造。

每年都有几次，妈妈们会聚在一起为家里的孩子缝制衣服。有时候是因为孩子长高了，得放大缝份，或添制新衣；有时候是因为新年就要到来，迎节的欢欣使创意更加活跃。我很爱这种热闹与宁静混合相伴的气息；热闹是因为生产力的旺盛，而心情却是宁静的。母亲们在工作中偶尔谈笑的话语虽是轻松愉快的，手中的工作却绝不因此而慢下；她们知道赶工的重要，因为赶着的，是孩子不断加高的身量，还有他们期待的惊喜。

母亲们都了解生活很现实，养育与教导不能不合并进行，因此，即使在赶忙当中，也总是能挪出时间来教一旁好奇观看的孩子们。在学这儿、做那儿当中，有一天会的就不只是手中的针线活，还有持家待人的种种方法与态度。

成为母亲后，我之所以随手就懂得拿起针线缝一朵小玫瑰花，让花从胸前的小口袋中攀缘而出，替一件原本平凡的小衣服加点童趣；或信手剪一个小纸片粘成俏丽的小篮子来装点心，让孩子即使没有特别的餐具也充满惊喜；都是因为记忆中有那群母亲们爱生活、爱孩子的身影提醒着我。

时代所致，虽然记忆中前辈母亲们自己的生活经验其实是不够丰富的，却因为心中充满热情而不甘让想象受限制，所以，创作的惊喜便透过深切期待的行动，翩翩停留在生活里的各个角落。

学习的怂恿者

早餐蛋杯套——公鸡绣

不要让手工作品变成打发时间的工作。整日伏案桌前的孩子做做此类的工作，也可以不只是用来调剂身心而已。只要经过很好的引导，任何一份作业都能完成综合目标的作用。

以这个图案来说，我是先让孩子研究公鸡的照片，分析颜色，自己决定深浅的配置。然后仔细为他们解说羽毛的长法与瓦片的叠法之所以一样，是有其防水功能的意义，因此排列的顺序很重要。如此，下针时才会合理，合理才会生动。

材料 //

各色绣线、草图、复写纸、棉布、绣花圈

做法 //

01 先看着公鸡照片画出线条图。

02 教孩子复写纸的用法，在布上描出图案。

03 配出绣线的颜色。

04 依照先前对羽毛长法的方向与叠合顺序完成。

食育

没有人能不靠食物把孩子育活、养大。但一样的食物却因为不一样的喂养心情、方式与气氛，而使人在"活下来"与"长大"之中产生了"幸福"与"不幸福"的差别。

饮食教育综合了健康、感官、仪态、人际与美感的经验，是所有成人应该给予孩子良善引导的生活教养。

一个家的中心

人类开始懂得构筑简单的房子以避风遮雨之时，
厨房就已经在一个屋子的中心，
它散发着温暖与创造、安全与生产的魅力。

我常有机会与年幼的孩子在厨房工作，工作中总会一次又一次感受到，一个被善用的厨房不只能安抚孩子的情绪、深化母亲的爱心，更能激发创作的灵感。虽然对多数的成人来说，在厨房实践教导似乎是很危险、很困难的工作；但如果经过仔细思考，分别出适合孩子参与的部分，那么，在忙碌的生活中，亲子总会因为厨房而多出共处的时间，自然地挖掘出沟通的渠道。

人类开始懂得构筑简单的房子以避风遮雨之时，厨房就已经在一个屋子的中心了；一个永不熄灭的火塘，使人们可以围绕着它而烹饪、取暖、防兽和相聚。因此，厨房从我们的祖先开始，就散发着温暖与创造、安全与生产的魅力。

随着时间改变，在建筑还没有非常发达的期间，厨房曾一度独立于屋子之外。但人们日渐改进了建筑上的技术，也改善了卫生问题，厨房终究还是因为它有爱与饱足的生产能力，又再度成为居住空间的重要部分。厨房的设备不只丰富了烹饪的多样性，还成为居家布置的发想地。只是，随着生活供应的改变，曾经以实用吸引家人的地方，在社会商业的催化之下，又渐渐变成家庭的空洞装饰。许多拥有一流设备、高级厨具的家，全年炊烟不举，既不炮制美味，家人也不因它而凝聚。

有一次朋友带我去看一个装潢很美的房子，待售房屋的主人说自己对这个房子最得意的部分就是她那高级的厨房，宽敞、洁白、集所有高档设备于一区，但当我看到在一尘不染的洁净玻璃墙上，圆形磁铁吸着一张又一张外买的菜单时，我了解那种干净并不是使用后的清洁心意，而是厨房已经沦落为一个房屋温情假象的置入性营销。

在我童年被养育的年代，如果母亲不煮饭，孩子就没有饭吃；所以，那个时候的厨房，是一个家庭饱与饿、温不温暖、幸与不幸福的决定地。等我当母亲的年代，社会慢慢富裕了，餐厅多了，小家电不断研发上市，他国劳力供应也开始引进我们社会。很多女性又开始把不用煮饭当作"生活富不富裕""一个女人命好不好"的表征。又过了二十几年，多元的商业完全改变了传统的生活步调；如今，不用做饭已不再是生活优渥的指标。只要一个人一餐有50元的预算，超商就愿意二十四小时为他服务。

非常奇妙的是，一个厨房有没有温度、散不散香气，又回到它最原始的意义——温暖与创造、安全与生产。每一天都请人代为料理饱暖的家庭，厨房再美，也是冷清的角落。

对我来说，厨房的故事是永远说不完的。在经历过生命的五十几年中，我先在厨房受母亲的养育照顾，了解她的工作思维，观察她透过厨房努力经营的家庭人际关系，体会女性可以"居家理而后事业成"的信心，继而自己在厨房调教两个女儿，设计并实践生活的梦想。现在，我更透过与许多亲子的分别相处，来领受无穷的创造力，并从自己的厨房走向社会关怀的途径。

我觉得厨房之所以永远都不会从家庭教育中退位的原因，不只是因为她是蕴藏各种创造力与温情的源头，还因为一个负责任的人，总在厨房里了解"事有始末"的真实。再有创作能量的厨房，之后总要回归到她的洁净条理，一个孩子如果从小不断地亲身体会这种事实，就不会断章取义地把"料理"当成只是好玩，或只是美感的经验而已，而是踏踏实实地从购物、烹煮到清洁，有始有终地完成一件生活事。所以，如果一个母亲同意厨房是一个好的教育场所，她就绝不会错失美食完成后的收整工作。

我喜欢与孩子同工共处，厨房所带给我们的快乐真是千言万语难以道尽。当糖霜从小小手中流出，造型跟着想象完成时，孩子的心也跟着澎湃、兴奋了起来。同一份饼干，不同的人便有不同巧思，它们不是材料包的固定结果，更不是商场贩卖的制式可爱。

但是，做饼干是油腻又容易污染的工作，因此，它的快乐更奠基于工作善后的品质。当我看到孩子们在做完饼干后用我所教导的方法，以粗糙面的擦布而不是大量的水，以仔细的心挑挖工具的细沟，而不是草率地做表面清洁时，我了解他们所做的饼干特别香的原因，是因为在这个什么都买得到的世界，没有人能配套地贩卖付出与得到的循环快乐。

毕加索说："每个人都是天生的艺术家，长大了却未必。"是什么使一个天生的艺术家不得不变得平凡？我想是因为他们慢慢远离生活因而迟钝了感受，影响了创作。也或许是，他们被大人宠坏了，只看到艺术感商业化的可能，只亲近一件事最轻松容易的部分。

我的实作，你的灵感

家中厨房好玩的工作前后的教导

爸爸，是一种以父亲的身份去体会爱与美，
然后来生活的细节里，为孩子积蓄的力量。

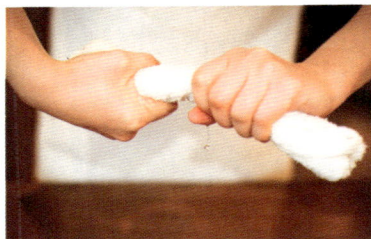

与孩子清理的细节建议

01 秤材料的思考与秤完后的清理。

02 不够干净与拧得不够干的抹布，是另一种更大规模的污染。

03 洗碗或任何工具都要注意每一个角落与弯曲之处，这便是"细心"的落实。

04 洗危险的工具，要先设想合理的方法；如洗刷削皮器、磨擦盘，用刷子就比用菜瓜布更安全也更干净。

05 洗刀子不要凌空，刀子微斜，刀刃向下。

06 水壶深处要用长刷经常清洗，不要以为装清水就不会长苔。

07 不容易清洗到的细沟，可以把抹布先套在筷子或细竹签上再挑剔。

08 洗锅子时，千万不要忘了刷锅底与锅柄。

09 抹布并不脏，好好对待抹布，厨房的工作会随之提升愉快。

在家吃饭

当一个母亲看重"在家吃饭"的好处时，

她自然就会想办法去克服种种阻碍，

不熟的技巧也会因为常做而精进。

　　我常常鼓励年轻的父母尽量在家吃饭，但这个问题多半会停在"没有时间"或"并没有比较便宜"的无奈讨论中。"在不在家吃饭"过去是一个简单的问题，如今却成为一个错综于经济考虑、健康顾虑、与时间权衡的行动难题。但我想，这其实还是一个可以"简化"的问题，只要我们了解这是反映个人对于"生活价值"的偏重，与"家庭饮食形式"的选择，大家就无须再为此争辩。

　　由于商业供应了种种方便，大家不是非得煮饭才能把孩子喂饱，于是吃饭才有了"在家"或"不在家"的选项。我有一位童年的朋友，自小生长在非常有凝聚力的家庭。但他婚后的二十七年，小家庭却未承袭原生家庭的生活方式，一直不曾开伙。我的朋友收入很好，经济无虞，妻子从未上班，但两夫妻精算之后觉得，吃便当比自己开伙便宜，他的太太也因此能把时间节省下来去上摄影、插花、瑜伽种种课程。孩子长到二十几岁只看到母亲的打扮愈来愈年轻，却从没见过妈妈与厨房交叠在一起的身影。

大概从二十年前开始，台湾的传统市场开始有了一些转变。先是早晨开卖的市场，摊位慢慢消退，有些竟至整区关闭，但黄昏市场却开始在新住宅区兴起。新起的市场，卖的不再以食材为主，大半是带回家就可以吃的熟食。又过十年，这些看起来已经方便许多的转变并没有随着人口的增加而扩大，只因为，连去市场买熟食回家吃的生活都算麻烦了。超商整天都有菜饭配好的便当，还月月推陈出新，连水果也一盒盒切好放在冰箱。虽然大家热衷讨论健康，却把饮食的健康管理全部交给他人。孩子因为父母工作时间加长与课业繁忙，离家的时间愈来愈长，家庭名存实无，孩子日出上学，日落却还不回家。没有人能回答这些改变到底是舟先还是水先；是放弃还是妥协。

生活中有许多问题不可能有完美的答案，饮食生活也是其中一个。我们无须与他人争辩哪一种生活形式最好，只需要在自己确认的价值之下找到可行的方法，才能长久地执行下去。当一个母亲看重"在家吃饭"的好处时，她自然就会想办法去克服种种阻碍，与时间永远不够用的困难。不会的会想办法弄懂，不熟的也会因为常做而精进。母亲的工作，并不是在进行对他人的说服，而是在自己的生活范围内把家照顾到自己心安理得，没有自责。

在过去的时日中，外食与外出做客的经验是一件很罕有、充满惊喜的事；但现在的孩子即使去再高级的餐厅用餐，也未必怀有一种"珍贵体验"的新鲜感。对他们来说，这些经验也许只是等同于另一次"妈妈不做饭"的意思而已。父母花费的价钱，显然没有买到应得的经验价值。这并非是我的猜测，而是我曾在几个很好的餐厅看过孩子无聊地到处走动，或孩子手拿电玩机继续游戏，父母在一旁自顾地吃或与人谈话，一边一口又一口地喂食，或在他们被其他客人白眼时低声斥责。

记得很久以前，我曾在一次演讲中对父母说，如果因为很忙而买便当回家吃，请记得要把便当盒盖剪掉。场中立刻有人出声问道："为什么？"我说："因为我常看到一家人在餐桌前埋头吃便当时，脸被便当盒盖遮住了，看不到彼此，所以无法互相表达关怀。"当时大家都笑了，生活中似曾相识的影子也许浮上他们的心头。如今，遮盖一家人的，已不再只是便当盒盖了，还有手机随时进出的讯息、游戏机和下载的影片。

吃饭有没有可能再回到一家人对坐，随着身体获取营养时也进行彼此关怀、心灵养分运输的活动？"在家吃饭"有没有可能继续担任一个孩子了解"家庭"的活动媒介？就算三百六十五天都吃便当，都不想洗碗，在便当的另一头，我们以孩子的心情来想，他们会不会期待有人关心他们的存在？

从最简单的做起，鼓励你在家吃饭

优格玉米片

为让时间不够或怕麻烦的家长能尽快动手，我从最不需要"热处理"的早餐说起。这份简单的早餐至少有三大好处：前一晚可以准备起来、一片清凉、营养均衡；夏天的早上，请给孩子们一份晨起的鼓励吧！很多孩子天天面对相同的早餐与紧迫的时间，胃口都不好。如果妈妈愿意做一些优格起来，前一晚切些水果放在保鲜盒里，早上起床再花个几分钟煮个白煮蛋，就可以很快备好一份开胃又饱足的早餐。如果有剩下的优格，还可以打成水果优酪奶，放学后当点心。

材料 //

鲜奶 1000 毫升、市售原味优格 1 小瓶

做法 //

01 用一点水把锅与搅拌器煮至水滚，滚 1 ~ 2 分钟后把水倒掉，让锅自然干。透过金属的热传导，这些器具已完成杀菌。

02 倒入鲜奶，在小火上搅动，牛奶升温至 40 度左右。如果没有温度计，可滴在手上探温，比体温高一点就可关火。

03 把市售的小瓶优格倒入牛奶中，搅拌均匀后用保鲜膜封起来。在屋中晒不到太阳的温暖之处搁放约 8 ~ 10 个小时（如烤箱内或电饭锅内）。直到凝成如豆花状，就可以进冰箱。

04 请记得每次去搅或挖取优格的汤匙都要是干净、干燥的。做好的优格也请先留 1 杯起来，当成下次继续要做的菌种。

白煮蛋

分心是帮助人离开处境的好方法，当孩子为起床而生气时，不用跟他僵怒于一处，问他，早餐要一个半熟蛋或溏心蛋？有效地转换生活的气氛。蛋壳上的笑脸，也许可以让孩子感觉到，与人相处，快快乐乐也是一种义务。

材料 //

常温生蛋

做法 //

01 全熟蛋：冷水中就可放入生蛋，小火慢煮，滚 3 分钟后捞起。

02 半熟蛋：水滚后放入蛋，滚 4 分钟后捞起，不冲水。

03 溏心蛋：水滚后放入蛋，维持大滚 4 ~ 5（视蛋的大小）分钟后捞起，立刻泡在有冰块的冷水中。

快乐家宴

为了让宾主都能尽欢，举办家宴最重要的第一项便是：
开出一张合理的菜单。

有位年轻妈妈问我："要怎么做才能从容优雅地在家宴客？"她接着细述自己多么想把我一再强调的生活实作透过一场亲自下厨的家宴与好友分享。"可是，Bubu姐，我不知道哪里做得不够好。那天，我们两个妈妈从下午忙到晚上，等大家都坐定用餐时，我们都感觉好累了。那忙乱似乎不但没有说服我的朋友，反而让她质疑为了一餐这样辛苦忙碌，到底值不值得？"这个努力的妈妈虽然带着小小的失望，却仍征询我的意见，想探寻出更好的方法，让我很感动。

我问了那天她所开出的菜单，也得知当两位妈妈正在厨房大显身手张罗晚餐时，五个孩子是被安排在另一个房间看电影。于是我分为两个部分给了她一些积极的建议。

从菜单上看来，这场家宴的确丰盛，问题是，有好几道菜的做法是要用到烤箱的，所以，那些佳肴就得排队等设备，然后一道道上桌。这是餐厅出菜的方式，并不适合没有专人服务的自家。家庭宴会一定要考虑宾主必须一起欢快享用，最好避免形式牵制了主人或太顾及演出而减损意义的状况。想想看，如果女主人忙着在厨房与餐桌之间进进出出，汗流浃背地慌乱张罗，客人又如何安心享受招待？一片热忱无端失温，是多么大的损失。为了让宾主都能尽欢，举办家宴最重要的第一项便是：开出一张合理的菜单。

除了菜单之外，聚会的主角当然是人、是情感，所以，让大家都有参与感才是宴会的目的。如果客人能因为参与一部分的备餐或取食的工作，而使气氛更为融洽，主人又何乐而不为呢？特别是有孩子参与的家宴，更不要把安顿孩子当成负担。邀约孩子一起动手，让宴会除了用餐时的口腹享受之外，还有愉快的情感流动。

我小的时候，总是非常期待父母在家宴客。虽然我们的家宴分为孩子也能同桌共食，和只有大人上席用餐的两种。但无论是哪一种类型，母亲都让我们一起做准备工作，这些经验除了把我们训练成与母亲同工时很有默契的能干小助手之外，并在不同的参与资格中，认识了人际关系应有的位置。场合、年龄与合宜的表现，如果不透过如此真实的教导，进退得宜的教养很难落实。

我喜欢母亲理性的考虑，即使那一天的家宴是孩子不能上桌用餐的聚会，她也会因为我们在准备的过程中尽心尽力地帮过忙，所以很体贴地在摆盘前，把某些食物分装成小分量，另放在一只漂亮的盘中，让我们别处一室享用同样的隆重愉快。因此，我们就不会起窥探之心。孩子不守纪律的越界，经常是因为没有人安顿他们而作乱。当我透过食物感受到尊重，我更了解饮食教育的力量。我认为母亲这样的考虑，实在比现在很多孩子虽被允许坐在大人席上，却时时受到呵斥或完全被忽略，更有温情，值得学习。我们并不需要勉强把孩子放在大人的席上，以致他们不应该地插嘴，或无聊地钻探于桌面调皮捣蛋之后，宾主才尴尬地以孩子的举动敷衍谈笑，搅坏一场原本质量应该可以更好地餐聚。

　　家庭聚会如果能邀约孩子一起制作食物，当然会有更美好的互动。无论是多小的孩子，只要成人愿意耐下心来思考所有食物制作的过程，一定能找到适合的工作请他们帮忙。这不但可以使聚会的气氛欢乐融洽，也不必另外挪出时间、使出精神来镇压他们。我常看到小朋友因为无聊而不断喧闹，有时制止不住了，成人发怒。原本高高兴兴要开一场宴会的心情，却在混乱中暴躁起来，这是多么矛盾的状况。

　　有小小孩的家庭，家宴要选午餐而不要考虑晚餐，因为孩子的精神与体能状态是活动愉不愉快的条件之一。如果大人在不适当的时间带着孩子参与活动，却不能敏感于孩子已无法胜任。这对孩子也是不公平的。所以，选择对的时间是家宴成功的因素之一。

在讲究群体关系、人际接触的社会中，不要让宴会变成情绪与身体的负荷。接下来，我将分享一场非常简单可口的午餐家宴。这样的一餐，无论是备餐或用餐时，孩子都有动手的机会。相信他们长大之后，也会像我或我的孩子一样，在脑中牢牢地记得，自己曾与谁有过快乐的相聚；在这样的聚会中，他自己又曾亲手做了哪些美味的食物。在累积足够的美好经验之后，食物对一个家庭来说，就不只是用字眼形容的感受，而是一种爱的连结与心灵的抚慰。

五彩缤纷的南美餐桌

材料 //

市售玉米饼、番茄、洋葱、香菜、柠檬汁、猪或牛绞肉、墨西哥香料粉、酸奶油（或用鲜奶油自己做）

做法 //

01 把新鲜材料切成小丁，各一半的洋葱、番茄与绞肉拌炒，炒熟后加入墨西哥香料粉调味，做成肉酱。

02 挤出柠檬汁后，跟留下的番茄细丁、洋葱细丁加糖与盐拌成酱（最好腌泡过一夜）。挤柠檬的工作连小小孩都可以帮忙。

03 用做优格的方法（请参考第69页）把鲜奶油做成酸奶油。

04 在桌上漂亮，并方便地陈列出所有的食材。一定要让孩子一人有一只稍大的盘子，教他们把材料聚于玉米饼上，小心入口。千万不要放任洒一地后再收拾，因为这是食育的礼貌教育，也是外食方便后，孩子最缺乏的环保教育。

春游便当

每个孩子都喜欢同桌共食的欢聚之感，
只要面对费心制作的共享餐盒，
他们就可以感受到自己被父母珍惜的感觉。

无论家庭经济力如何，当一个母亲投入家务并经营得力，就能使孩子得到舒适的照顾，以此延伸生活乐趣。

一位精神愉快、把生活过得趣味盎然的母亲，透过慧心与巧手抚育孩子，她自己就是幸福的诠释者与责任力行的说服者。这与所受的学校教育高低无关。在这种生活情境下成长的孩子，是透过懂得生命内在的意义而了解行动的力量。其中的财富，岂是我们今天漠视生活、只想追求金钱所能换取的？

前阵子，跟先生去探望公公时，看到爸爸起居室落地窗外的一棵山樱花已盛开；那天微风吹，春烂漫，青苔间生的石径上深浅的粉色花瓣让人想起了陶渊明《桃花源记》中落英缤纷的景象。我们到附近散步时，看到许多人也在赏春。眼前的绿意、春花与人声，让我想起休闲意识抬头，虽是增加了亲子同游的机会，但似乎愈来愈少见自带食物去野餐的家庭了。休闲产业随着各景点的兴名而繁立，景点区的店头里常见趴在桌上玩累饿垮的孩子们，那景象与我小时候难得一次郊游的振奋精神很不相同，因为，当我们饿的时候，打开的，总是母亲为我们提前制作的餐盒。

"美食"对不同的人有不同的定义。在杜甫的《赠卫八处士》诗中，二十年后重上故友家的餐桌上，光是春韭与不能尽名的杂粮饭，就已经是感人的盛情款待。而李白因为"行路难"的心情，即使值万钱的金樽清酒与玉盘珍馐也完全没有了食欲。我想，"美食"最基础的，总是心情。对一个孩子来说，愉快、安心所享用的食物才叫美食。不管厨艺好不好，一个能静下心来为孩子准备食物的母亲，就已经给美食一个最好的条件，孩子一定可以感受得到。

大家都爱讨论母亲这个职务的辛苦，如果工作量少一些，好像心情自然就会稳定一点。工作量的多寡与情绪的稳定之间到底有没有绝对的关系，我心中并没有确定的答案，只因自己的母亲常常工作太忙，假日无法留在家里，所以就借用亲手做的料理来代替对我们的陪伴。当了母亲后的我也非常忙碌，于是了解自己的妈妈必须利用百忙之中的所有时间来完成责任，以减少对孩子的挂念，因此，她与我的愉快与稳定，都是用更多的工作量所换来的。

我们家的砖厂看天吃饭，而不是看着月历休作。只要太阳一出来，工厂的机器就启动。我小时候很渴望母亲在家陪我，但这类的失落对我一点都不陌生，才偷偷高兴假日早上起床时天下着雨，但一二个小时后，如果太阳显出一点善意，母亲就已整装待发，联络工人从各处就定位了。多年后，我曾对这样的心情有过很安静地思考，我觉得孩子一时的心情固然很重要，但父母亲努力工作、为保护孩子稳定的成长、有资源受良好的教育也很重要，在"亲子爱"与"家庭爱"这件事情上，我希望自己不犯"见树不见林"的毛病。所以，我可以理解父母亲之所以不能更多地陪伴我，并非忽略，而是不得已。

小时候，妈妈常常需要早起做好一盒盒食物才出门工作。我们兄弟姐妹四个孩子在家，也不因为没有大人陪伴而随意打混时间。我们除了彼此督促把功课做完、分工打理家务之外，当然也欢喜地游戏或小耍闹。不过，最期待的无非是可以去海边游泳的黄昏时刻；妈妈出门前先为我们准备好的餐盒，使整趟活动达到欢欣的最高点。

也许是因为母亲自小都为我们做共享的大野餐盒，所以我不喜欢一个人一份的餐盒。虽然一人份的便当有方便性，却让我感到寂寞。我猜，孩子就是喜欢同桌共食的欢聚之感，面对费心制作的共享餐盒可以感受到家庭的意义与自己被父母珍惜的感觉。

母亲也在为我做餐点时教我一件重要的食物科学：凡是要久放或外带几个小时之后才享用的便当，都要选择凉了也合适的食材与烹煮方式。最重要的是：摆放的手法，一定要把自己对生活美感的感受陈述其中。一个野餐盒能不能营造出丰富之感，与其说是技巧，还不如说是用心准备与事先周到的考虑。虽然是简单烹调的材料，如果备材时已想到颜色与味道的协调，那么，装满盒中的食物也能辉映明媚的春光。

带着孩子一起准备春游便当，让他们在动手之际，找回一些或许被过度方便所剥夺的小小幸福。

爱心与匠意
做春游便当的思考

出游时掀开便当的饥肠辘辘会增加盒餐的美味与幸福感，这是先辛苦后享用的价值。

虽是盒餐，排列与即席大餐一样重要。同样的食物会因为排列得宜而更好吃。如果你已经完成食材的制作，可试着换换相伴的位置。你一定会发现实作的心得。就好像在串那蒟蒻与蔬菜球，不把每一串都以同样顺序排列，会让它们看起来更有童趣些。

油腻感是凉食的大敌，但出游的便当大多得冷食，因此，如果食材中有调理后油多的食物，先吸过油再摆入盒中。在一盒食物中，味道的轻重分配与甜咸调和当然应该以家人的喜好做周详的分配。"爱心得匠意，则杰作在望"，说的虽然是艺术品，但一个春游便当不就是母亲创造愉快生活的艺术品吗？只要有心，还肯动手去做，你的家中也会出现让孩子眼睛一亮的饮食杰作。

1 彩球串

市售的球形蒟蒻非常可爱，余烫过后用一点酱油、糖、柴鱼粉与红白萝卜球卤煮，既简单又好看。红白萝卜不用特别用挖球器挖成圆球，那种完整的圆跟蒟蒻球的朴拙之感反而格格不入，大小也难以相配。就依买来的蒟蒻球的大小为依据，把红白萝卜先切成方块，再用削皮器修圆就好。

让家里的小朋友想想看并动手做做看，他们一定能交给你质量超越想象的成品。

2 饭团

出游的饭团可以包味道较重的内馅，如果撒上不同的调味粉，如青紫苏、紫紫苏，或青海苔，除了味道之外还可以增添颜色。

3 鱼或肉

出游便当的菜色要确保安全，因此，无论鱼或肉都要以完全煮熟为考虑。鱼、肉杀菌的观念不只是温度要够高，烹煮的时间也要够长才算安全。

4 厚煎蛋卷

无论是日式的玉子烧或中式的青葱、红萝卜蛋卷，都很适合为外出野餐篮增加颜色与风味。

爱与爱宴

幸福绝非仅是叮咛或赠与，而是一种传达与展示。

除了自己好好工作、好好生活之外，

我想不出有任何其他方法可以培育一个热情的孩子。

八十多岁的母亲每次看到我教小朋友的上课照片，总是忍不住眉开眼笑地叹道："怎么每个孩子都长得这么好啊！"然后，她从老花眼镜中抬起眼睛凝望着我，给我一个非常嘉许的肯定说："你对孩子们做这些事很好！非常好！"

每个人都希望得到父母的肯定，即使我已经五十几岁了，听到母亲这样说，还是难掩兴奋。事实上，现在的我之所以能对孩子做这些事，就是因为母亲已先给足了我许多生活的感受，使我深信，一个成人可以透过日常小事来为孩子诠释生命的美好。

幸福绝非是一种叮咛或赠与，而是一种传达与展示。除了自己好好工作、好好生活之外，我想不出有任何其他方法可以培育一个热情的孩子。当我们脱口就说"生活力"的时候，自己当然更要展现好好生活的能力。

　　我的母亲之所以赞许我，是因为她想起了日据时代的前尘往事。她回想起幸福的感觉是由大人播种在孩子心田的图像与影响。她告诉我说，自己上小学时很受老师疼爱。有一天，与班导师同住的另一位女老师要回日本，所以单身的女老师征得我外婆的同意，让小四的妈妈去跟她作伴几天。母亲回忆那几天早上，她从老师家起床梳洗之后，看到餐桌情景的感觉，对孩子来说，那份早餐的惊喜是孩子无法言传的愉快。

　　六七十年前的旗山镇，当然不可能有冷气；但夏日的早餐桌上，她的老师已经想到许多消暑气的体贴与美感。老师帮她准备了一盘倒扣在盘上的蛋炒饭、一小碟腌菜、一杯冷红茶和一份水果，细心照顾她好好吃完早餐后，才带着她一起去上学。那种触动，孩子虽说不清，却至今难以忘记。母亲一定是把自己孩童时的心情交叠在我给她看的照片中，她喃喃地对我说："真可爱！真可爱！那些孩子一定会记得你给他们那种幸福的感觉。"

　　我很谢谢妈妈对我说起这段陈年往事，因为，如果不是她让我知道孩子领受情意的心情可以如此难忘，我也许无法持续地把这份对我的年龄来说颇为劳动的工作，用新鲜的心情好好地做下去。我原非想要长久直接提供这份幸福的经验给小朋友，而是要借着活动来说服父母亲，紧抓住生活的各种界面，用最简单的形式对孩子表达爱与关怀。后来渐渐无法放手了，我借着一些与大人同工的机会，说明用实作传达生活创意并不难。希望自己所做的事，能成为一种有形的启发。

"爱宴"是相聚的好名词，但不应该只着重在"宴"字的形式，应该让"爱"来充实"宴"的意义。当孩子在一群热情的大人身边生活，他们自然会懂得生命为什么可贵。活力根基于服务，而创意是行动充满变化的真实。他们不再是在爱宴中只懂得吃外送的披萨、炸鸡或烤鸭三吃的孩子；而是像我小时候一样，能看到手中握着少数条件，但心怀无限爱意的母亲，努力做出使孩子们开心满足的食物。小时候，我曾一次又一次惊叹地想着："大人怎么这么厉害，我要赶快长大，跟妈妈们一样！"

在加入成人生活的期待中，我不只成为母亲，中年过后还成为生活课堂上的老师。我所欢喜的幸福爱宴，在自己家中或与他人的共处中，都发挥了最稳定的力量。有一个台风过后，课堂学生给了我一封信，这封信使我想到生活无论处于什么样的景况，并不是食物的华丽创造人的记忆，而是制作食物时我们想让他人感到幸福的一份心意产生的作用。不过，这样的心绝不可从为他人开始，而要由近而远从自家做起。在顾不了家人之前，不要爱宴于他人；因为爱的习作由齐家开始绝不会错。

亲爱的 Bubu 老师：

昨日阅读课惊见工作室受苏迪勒台风肆虐的惨状，我心里暗想，工作室已沦为受灾户，倘老师紧急通知停课，同学们势能体谅、必不见怪，孰料，老师竟能立即援引此次风灾受创的实例为授课题材，将杜威"生活即教育"之主张具体实践，简直太契合这次阅读课"民主与教育"的主题了！

中午用餐，一眼瞧见松花堂套餐，我几乎要"哇"的一声叫出来，想到老师和工作室伙伴在忙不迭停处理灾后现场之际，犹不忘为学员们料理如此丰盛一餐的心意，心底暖流潺湲不止……是故，午餐我是怀着无比感恩的敬意，珍惜享用，并且吃得粒米不剩。

谢谢辛劳真诚的各位！

Nikky 敬上

准备爱宴的思考

在动手准备一场爱宴时，我会思考几个
要点：

Point01 依相聚时间与属性来思考甜咸
点心的比例分配，例如一场下午茶宴或
跨主餐时间的聚会，食物的考虑就会有
所不同。

Point02 依每人食量来估算样式与份量，
不让剩菜变负担。

Point03 依准备时间与人力来思考复杂
的程度。

Point04 依现有的餐具，加强摆设的趣
味与丰富感。

准备过程中，不需要过于担心餐具的部分，如果我们愿意让创意自由飞翔，
通常会有更好的表达。只要了解摆设时，高低层次与排列都可能转换不
同的美感，有限的器物就不会是创意的限制。

感恩餐

谢师宴也是重要的教育。
透过这样的餐聚，不只教感谢，
还教孩子以自己的能力行最深感谢的方法，
和顾及他人感受的礼貌。

华人世界虽然依旧使用农历，但多数人已习惯在十二月告别一年。当灯彩从商店与街景中亮起时，即使是没有宗教信仰的人，也应该会回顾自己一年的生活点滴。对我来说，十二月既是多愁善感的岁末年终，也是迎向无穷希望的新起点。

我曾在许多国家度过不同的十二月，当商业气息过度以物质催化节庆气氛之后，我更体会到年终真正的丰美应该是在家营造的安详气息。于是愈来愈不倾向添购季节过后无处可收的饰品，而转向静心珍惜生活已有的器物，并自省思考一年来的进与退。十二月，是宁静致远的月份。

感恩不必是节日，但如今人们却更习惯以感恩之名行同乐之实。一年当中，大家不只庆祝感恩节、母亲节、父亲节，连小朋友都开始在毕业时举办"谢师宴"了。我们读大学时也有谢师宴，但高中以前是没听说过谁在办谢师宴的。

想起来也很合理，大学生还能兼家教或打工赚点钱来负担谢师宴的费用，高中以前，多数人都靠家中供应，在餐厅豪华办"谢师宴"，对以教育为重的老师们恐怕也是消化不良的一餐。但是，家长的想法偏颇了，因此这十几年来，我看到谢师宴愈办愈豪华，从小餐厅移师到大饭店；从本来只是班上师生餐聚的规模，扩大到亲师生的家人同聚，宴会摸彩，礼物分赠，全都不是孩子自己的本事。

我们全家曾在二〇〇〇年回台湾一年，那年，小女儿在台湾完成小六，我因此有机会见识到小学谢师宴的运作方式。因为孩子没有能力如此谢师，所以宴会是家长以成人的身份来表达谢意，既是如此我认为应该考虑多数家长的能力与想法，而不是由少数社经地位特别好的家长掌握一切。因为，一场谢师宴也是重要的教育。透过这样的餐聚，不只教感谢，还教孩子量力而出，以自己的能力行感谢，并顾及他人感受的礼貌。

我所知道最好的谢师宴是多年前去丰阳初中教一群男女生做点心。那天，到沙鹿时，我有点担心自己能不能带得动这么大一群青春期的孩子，但动手之后，他们都专心跟上了我的步伐，过了很踏实愉快的一天。最让人高兴的是，他们在毕业前运用了我们当天教学的内容，给老师办了谢师宴；这才是最合理、最诚意的谢师方式。

动不动就带孩子去吃大餐以为犒赏，已经成为这个时代父母或师长们对待孩子的方式。也许本来并无意以此讨好孩子，但习惯之后，就难免成为一种犒赏的默契。在这件事上，有一位教练的教育眼光真让人佩服，很想说出来与亲师分享。

知道这件事是因为我去板桥初中演讲，开场致辞后，教育局副局长与校长匆忙离开，他们致歉说因为学校的球队得了奖，有个重要的协商要议定。演讲结束前，两位又回到礼堂，之后，校长说了一件让我很感动的事。因为球队夺冠的好消息太令人振奋，因此家长会长提出要请队员们去吃大餐，但教练替孩子们婉拒这番好意，他说："得到冠军就已经是最高的喜乐了，不必要再用吃大餐来另外犒赏孩子所得的荣誉。"

那晚，我带着愉快的心情离开了板桥初中，在夜色中开车回家时，心中充满了温暖与希望。品德教育何必远求，当这位教练说服其他的大人不要以大餐奖赏球员时，他不是替孩子婉拒一场欢宴，而是保住了他们全力以赴的精神与价值。

我的实作，你的灵感

小朋友给老师的集体创作——一人一朵，请您记得我的"花圈卡片"

春风花开感恩卡

一种难以收存的礼物称为"白象"，让我们替老师们想一想，几十年来的春风化雨，谢卡自然很多，如果太大，就难以收存，因此，用心做的、小而精致的卡片反而可以让老师们永远珍藏。千万别做成大海报。

材料 //

色纸，如有两三种质材，做起
来更生动

做法 //

先剪出一朵五瓣形的花，五瓣
中选出一瓣的凹处，从凹处剪
一刀直抵花心，而后把其中的
两瓣相叠起来，变成四瓣，如
此，花就自然因底部的锥形而
整朵出现立体感。同样的工法
也可以用于食材（如右侧第二
张图右盘就是红萝卜花）。

满溢回忆的饮食时光

对很多父母来说，家事是比较接近于劳务的操练，

虽然也乐意孩子多多学习，

却难以想象一个家的厨房能交织出多少美妙的亲子对谈。

　　《亲子天下》请我开"生活笔记"这个专栏时，我本打算拟一封去信推辞这盛情的邀约；因为专栏不会一次结束，而图文兼具的形式，从酝酿到成篇要花费许多心思。除了担心自己日久做得不够好之外，我也害怕在负担已重的工作中再加一桩新的责任。

　　打算写信那天，刚好是我难得的休假日。早餐喝咖啡时，小女儿 Pony 神秘地预告说，她要为我们做一餐精美可口的午饭。

　　整个上午，我没回书房，继续在餐桌前整理稿件与一些文书工作，并没有不专心，但眼角余光却不停瞥见孩子忙碌的身影进进出出。一种奇妙的幻觉使我感到迷惑，那穿梭在眼前的大女孩，不就是大学时代的自己吗？喜欢为家人下厨、喜欢在生活中找尽

小事来创造快乐与惊喜。有几次，我从工作中停下让眼睛休息片刻时，才终于确定，余光恍惚里伶俐的身影，不是三十年前的往事，如今兴味十足、正在大玩生活家家酒的，其实是我十九岁、正在上大一的小女儿。

等 Pony 忙完那餐，慎重地邀我坐上摆设完整的餐桌时，我一眼就看到阳光从百叶帘穿透而来，光与影温温柔柔偏照的松花堂餐盒，与一杯浅绿清凉的日本冰茶。那繁花似锦的各种食物迎在眼前时，竟使我心念一转，我突然决定要接下这个专栏；好想用一种自由的笔触与镜头所捕捉到的画面，来分享生活中不断出现的小小幸福。

我们全家坐下来享用那份用心调制的午餐，每夹起一口，就使我想起带着孩子到处移居、慢慢长大的生活故事。

三小块沙朗牛排上那匙塔塔酱，代表的是曼谷八年的许多回忆。我常常在黄昏去等校车，姐姐已在高年级，学校活动多，搭的是第二班校车。我牵着先回到家的 Pony 小小的手，走到 Villa 超商买牛肉，准备晚餐的饭菜。调塔塔酱时，她在一旁挤柠檬、切百里香，挥动每个孩子都爱不释手的打蛋器与橡皮刮刀。我当过孩子，当然知道那搅与刮的动作之间，脑中可以幻化出多少千奇百怪的想法。孩子在不断反复的生活经验中慢慢长大了，他们成为能用自己的心意设计生活、用自己的双手变化快乐的大孩子；而我也庆幸自己没有断裂长辈们曾给我的生活传承。

Pony 为什么会做这样的午餐？这其实只是家庭经验的重述。

记得刚添购日式四格餐盒时，我曾跟孩子讲起松花堂便当之所以成为一种经典料理的故事。虽然那景象已经好远、好远，但自己说着故事的声音却清楚地回荡在记忆的耳边："松花堂昭乘是一位老和尚。他是一位书法家与茶道大师，常常用四个方形容器摆成田字型，在那些格子中安置他的画具与烟器。三百多年后，有位茶道家与料理家汤木贞一拜访松花堂的茶屋时，看到归放在木盒中的四个容器，突然得到一个灵感，他觉得可以试着把一份茶怀石料理同时表现在容器中，于是创造了这个特别的饮食形式。"

记不得二十几年来，自己当母亲的心情，有过多少次像如今女儿动手为我们做一餐时的同等兴奋。用各种付出使他人能感觉到快乐，我相信就是爱的推力。这种情感与经验，慢慢从我的手中传向孩子的指间，新生出更丰富的爱。

我希望能在小小的文字与图片栏格中，像松花堂便当那样美丽地置放我对生活的感受，跟读者分享我在生活中用"心"与"手"

捕捉到的吉光片羽。它们也许是回应季节赠礼的一份小小手作，也许是诉说餐桌丰美的一份食谱实作，也许是透过孩子所看到的教养反省。无论如何，我期待的是，在自由的主题之下、在平凡的生活流动之中，证实幸福的感觉，提醒大家，生活的确是活生生的！

对很多父母来说，家事是比较接近于劳务的操练，大家虽然乐意孩子多多学习，却难以想象一个家的厨房能交织出多少美妙的亲子对谈。

Pony 有一天为我们做犹太辫子面包（Challah Bread）当早餐时，我发现她除了被喜欢家事的母亲抚育长大之外，还有现代孩子能快速搜寻数据的优势，因此没有理由不做得比我更要好。

我看她是这样做成这条面包的。先从网络上找到编面包的资料，然后在自己的笔记本里画下步骤图，那种方便是我们这一代人年轻时不曾享有的。那天，我一边跟她聊天，一边看着她按图索骥交织着几条"面包脚"，摸索探寻着方法时，就像在玩傀儡戏；有时乱起来，也像醉鬼的脚步，非常可爱！工作与游戏的差别，绝非在态度，而是一种心情体会。父母亲若能了解这种奇妙，就不会把做家务当作是孩子的负担，而是另一种"游戏"。

在她编面包的时候，我从书架上抽出"哈利酒吧"的食谱，跟她说，改天一定要试试他们的晚餐卷，那是我所吃过最好的。孩子问我："在哪里买到这本食谱？"我说，就在威尼斯的哈利酒吧（纽约也有一家）。她又问："妈咪，你为什么会知道威尼斯有哈利酒吧？"我说是因为海明威在他的书中提过。

当我们说起海明威，马上又想起有一次全家一起从新加坡去费城探望 Abby，在那漫长的飞行航线上，我们曾一起窝在灯下看《流动的飨宴》。然后，我们又从海明威谈起他的好友费兹杰罗，还有他那本著名的小说《大亨小传》。我看着她一边编面包，一边对我描述自己对那本书的感受与评论，想起这样的连结，十几年来已经成为我与孩子们交谈的方式，彼此的思想透过生活不同的面向交换价值。

又一天，Pony 擀着一片片的 Tortilla，是因为要在隔天包墨西哥饼卷当午餐。一边做时她说："妈妈知道吗？虽然现在什么东西都买得到半成品，可是我觉得因为这样，我们更需要试着从头去做一份完整的食物。要不然，会弄不清楚这些东西是怎么来的，也不知道食物与生活发展的关系。"她轻轻笑着又说："有一些孩子从来不知道各种面食是从谷类做成的，还以为天生就长成那样呢！"

我觉得很有意思，在这个什么都买得到的世界，能听到新

世代的孩子这样说的感觉真好。使我更相信，人类对生活的爱
是一种最原始的情感。如果他们不了解，一定只是因为没有被
好好带领。

塔塔酱配面包薄片

材料 //

½杯蛋黄酱、一条酸黄瓜或1/4杯酸黄瓜酱、一小把巴西里碎末（如果没有，可磨柠檬皮代替）、一大匙柠檬汁、一大匙洋葱细末（愈细愈好）

做法 //

01 把所有的材料搅拌均匀。塔塔酱的特色是酱内的颗粒，所以，如果你把这些材料放入食物调理机，也不要打成滑浆的泥状。

02 冰入冰箱，食用前再拿出。

变化 //

加上一小把罗勒细末，或黑橄榄，调成另一种风味的塔塔酱。

行导

良好的价值与合宜的行为都不是一次性的学
习。"知"需要灌溉，"行"需要引导，我们
每一个人的成长都仰赖长期的关怀与适时的
修正。

带孩子有爱心并不是无所不包容地忍耐，而是
教导者以自己的良知为基础，深切期待被教导
者能不断进步所采取的行动。

"不会做"与"不想做"

"不会"是未受教导的结果，解决的方法很简单，

不管几岁，所有"不会的事"立刻教，总有学会的一天。

      我喜欢把"教育"这两个字分开来想。育偏重于物质照养，"教"则分两部分：一是引介一份新的知识或经验给受教者；另一是纠正原本错误的观念或行为。"家庭教育"项目琐碎，成功的要诀在于教导与练习都要"持之以恒"。父母如果只是兴冲冲想起家教的重要，时做时停，通常很难有所收获。

      "舍近求远"是现代生活教育的状况之一。我们谈得多、做得少；方法多、实践少；美其名、舍其功；热情盛、耐力短。事实上，生活教育最不需要化为议题大肆讨论，因为它的内涵很清楚，就是成人带着孩子好好生活、惜物爱人，尽每个人在家中的责任，外出时尊重环境一如尊重自己的家庭。家庭生活可以培养工作能力、责任感和爱，本是每个人都要修习的功课，我不懂为什么九年义务教育改为十二年义务教育（台湾 2014 年起，推行十二年义务教育）之后，大家才开始觉得生活教育很重要。

生活教育一如学校其他的知识教育，可以经由作业来练习以巩固观念；这些练习的场地就在家庭、学校与周遭环境当中。如果亲师价值一致，师生好好合作，成效便很可观。

几个月前，我去演讲时看到学童在吃营养午餐。小朋友们吵杂慌乱地拿着一个大不锈钢碗或便当盒，饭菜不分地布满一碗。气氛慌乱急躁，让人看了很难过。当时我心想：时代真的进步了吗？四十几年前，在我成长的故乡成功镇，爸爸担任初中校长，能开办营养午餐是很不容易的事，却是学生的一大福利。尤其在资源颇为不足的山乡海镇，学校等于是"日间父母"，所有的老师齐心协力想给学生更多的生活照顾，如果有营养午餐，关怀就更落实了，也能进一步改善孩子们的营养与健康。父亲花了很多心思集合心意与物力的资源，期待"营养午餐"能名副其实。他知道透过"吃饭"这件每天必然发生的活动，孩子能得到身心的健康并养成良好的生活习惯。

我曾参观过爸爸学校里办的营养午餐。学生一人一个铁拖盘里，饭菜分开，干干净净。大家用餐时安详愉快，很享受的感觉，不像现在的孩子，匆匆进食，有的要赶去安亲班，有的是因为老师许以先吃完饭的可以去玩，更囫囵吞枣。

吃饭本来就该是一种严谨的生活教导；可惜的是，这样的教导却在更进步、更有资源的社会中退化，我们的教养往偏路行，父母不重视平日家庭生活的餐桌教养，却带孩子去上高级餐馆，开阔眼界。教育价值无法统一，孩子的举止当然就不能自然合礼。因为所谓的教养，并不是讲究享受、了解国际礼仪或认识名牌器物；而是对生活有感知，是在自己的家庭生活中培养起来的规矩。

这几年来，我看到很多孩子吃饭时弄脏嘴角或双手，总是举起袖口或拉起衣摆就直接擦拭。我在自己课堂餐桌上努力地教导孩子习惯使用餐巾，慢慢也成习惯。没想到有一次，当我为一位幼儿园的小朋友打开餐巾纸的时候，却引来她的号啕大哭。经过一再询问，才知道她因为在家不曾这样用过，所以不想用。我一方面对现在孩子还不解人事就习惯把自己的感觉摆在第一位而感到忧心；另一方面也更相信，家庭还是拥有最大的教育力量。对孩子来说，父母的教导最值得信赖；所以，成熟的父母是孩子的福气。

我常常想，教育的目标就是要把眼前的孩子培养成将来可以独当一面的成人；那么，这其间的生活练习怎能荒废。对于生活，我们不单要"了解"，更要"建立"；不单要建立，也要修正。有些父母从来都不给孩子做事的机会，等孩子长到成年，又反过来抱怨他们什么都不会，这是自相矛盾的。"不会"是未受教导的结果，解决的方法很简单，不管几岁，所有"不会的事"立刻教，总有学会的一天。

生活事并非愈大就愈不能教，单就技术面来说，年纪大学起来更容易，因为理解力够，教起来轻省。怕的是孩子"不愿意"。

　　父母应该了解，"不愿意"应该归属于"责任感"的问题，是纵容出来的结果，不可以跟"不会"混为一谈；更不能借"不会"瞒混卸责。如果父母在两者之间徘徊，不知道该不该勉强要求，请替孩子想一想。生而为人就没有资格当"生活的旁观者"，所以，无论"不会"或"不想"，一个好父母看到问题时，一定知道自己应该立刻分头、分项，不畏困难地动手解决！

带着孩子一起做

母亲做一餐饭时，不要只让孩子在一旁参观，他们应该布置餐桌，递送物品。这不只加强互动，落实美感的练习，还可因为不断习作，学会面对日复一日的生活而不失关怀。

如果带的是小小孩，爸妈也可以用笔把完成图画在一张纸上，让孩子按图索骥慢慢把餐具摆齐全、放漂亮。

生活常规最可贵

一个有文化的社会，

大家以常规教导孩子往更能得到尊重、与被疼爱的路上走。

这是所有大人的责任，也是我们应该给孩子的生活礼物。

我跟烹饪班的学生说："家常菜指的是妈妈们经常在家做的菜，而不是相对餐厅'特别大菜'的'平凡菜色'；所以，大家要经常在家做饭，自己得意的饭菜日后才有可能成为孩子口中的'家常菜'。"

"常规"也是一样，"常"指称父母日常应该教导的规矩，而不是外出才叮咛的举止。一个自叹常规不再的社会，应该被责备的是成人，而不是孩子，因为，成人不取得共识，只为了证明自己所受的教育是威权，而牺牲孩子对这个世界共处的了解，真是太不应该了。如果大家对教养忧心，应坐下来协谈，在各自的生活环境中建立好好生活的方法，我们才真的会有"小确幸"。

不久前，本与一位老朋友要见面，她因为母亲跌断了肋骨来电取消我们的约会，跌倒的原因是邻居不喜欢她买菜的时间，说开门的声音吵了他睡觉，所以就在伯母去买菜回家开门时，从后面乘虚而入，一把推倒她。因为朋友在电话中称对方"孩子"，所以我就问："多大的人？"她很感叹地说："是大孩子了。"当时，我心里难过到极点，也开始想"孩子"与"成人"如何分界，是以"理当受教导"或"一定要担负责任"来思考的问题吗？

我这位朋友一家都是温和的人，我相信她们虽然受到伤害也不会把这种状况提出来激动讨论。很多人像他们一样，承受不公义时只能这样自认倒霉。但如果我们都只是一次又一次地把相处的伤害化为感叹，等这些孩子都变成大人之后，他们又要身处在什么样的社会？

有一年夏天，我在一个欧洲的小城待了五天，因为有一点时差，所以每天早上天色才亮，我们夫妻就去散步。小城有小山又临海，非常美丽。从整个城市高度一致的建筑，家家户户干净明亮的窗户与窗台扶疏的花木感觉到这是一个很重视市容、人际与家庭的地方。散步的清晨，的确有家庭环着海湾骑单车出游。

在一个单车与行人并用的公园路道上，车速有点快的孩子与我擦肩而过。我的惊讶并不是差一点就被撞到的危险，而是同一刻，从孩子身后追骑上来的母亲，对孩子严厉地斥责。事过，我经常回想当时的情景，觉得那孩子虽然并没有真的撞上我，他的母亲却给他上了人与人之间兼容并处，预测安全最重要的一课；这样的教训，如果等到出了意外再教，永远都是太晚的。

时代在改变，如今外出用餐看到孩子把餐厅当作游戏场已一点都不奇怪了。商家不敢言，其他客人也只是怒。我还曾在家具店看到小朋友把拖鞋当飞镖踢出的时候，明明落在到处摆设着玻璃器物的桌面，但店家小姐无奈地请求说："弟弟不要这样，会弄到你姐姐喔！"而当时，他的姐姐离他可有好几尺之远，这反映出我们失去指正孩子的勇气是因为商业考虑，也因为价值观分歧。

我的想法很简单，养活下一代是所有动物的天性；懂得教育下一代使彼此安全快乐是文化。一个有文化的社会，生活常规有些是明约、有些是默契，大家知道唯有以常规教导孩子往更能得到尊重、与被疼爱的路上走才会幸福。这是所有大人的责任，也是我们应该给孩子的生活礼物。

我的实作，你的灵感

食的常规

在很多有关餐桌礼仪的史料上，我们可以看到好的规矩认同是慢慢演化而成的，为了避免干扰与丑恶（卫生与情绪上的丑陋），基本的餐桌礼貌在多数人的认同与遵行之下慢慢形成。这不仅是道德的产物，也是人类经过几个世纪的努力之后所出现的"现代人"的本源；它的基本意义是让每一个人对自己的空间负责，因为这些空间的气氛会彼此交叠影响，因而出示了个人的社会表现。用餐时，提醒孩子几件事：

1 姿势

· 坐挺（椅子与身体的关系）：多数小朋友都只浅坐在椅子的小前段，因此他们的背很难挺直。

· 不要摇晃椅子：有些小朋友会喜欢在餐椅上摇晃，或前趴或后躺。

· 注意孩子的坐高与餐桌是否适当，有时候他们趴在桌上的原因是因为高度不对。

2 行动

· 使用餐巾：多数的孩子不懂得使用布餐巾或纸餐巾，身边的成人应该提醒并教导他们如何使用。

· 调整餐具位置：当桌上有不同的食物时，应该教导孩子适时地挪动餐具，尽可能把正在用餐的一盘放在离自己最近的地方。

· 取放餐具要尽量轻，不要如敲打乐器。

· 对于不敢吃的食物，要教孩子尽可能不喧嚷地轻放到盘子的一边。（当然我不鼓励偏食，但如果已经偏食还要引起大家的注意，或让喜欢吃的人感到不愉快，就是再加一层的坏习惯了。）

3 说话的礼貌

· 餐桌上说话的音量要适度。

· 一定要提醒孩子不可随意说"好恶"或"像……"之类影响他人兴致或不雅以博笑的语言。这在孩子的餐桌世界是很常见的，但成人绝不可视而不见，因为，我们希望他们受人尊重，而不是以小丑言谈来得取短暂的注意。

餐巾纸的折法四款

餐巾纸在打开前是餐桌上的装饰，用餐时又是最实用的清洁用品。习惯使用餐巾纸（或称口布、口布纸）的孩子，才不会用袖口或衣角当餐巾，给妈妈带来更大的辛劳。

1 玫瑰花型

2 野餐型

3 餐巾环用法 1

4 餐巾环用法 2

先学体贴再学爱

光谈"爱"是很空泛的，
但如果把体贴化为分担劳苦的杂务，
爱就可以在生活中处处生辉。

每一对父母爱孩子的方式与情感基础并不完全一样，不过我相信，为人父母共同的情感是"不舍得"；因为不舍得孩子挨饿受寒，于是绝大多数的父母得同时在生活与职业的场域中辛苦努力，不断转身、定心再回旋；也因为舍不得孩子孤寂，他们自愿放弃自己独处的时间，尽可能地陪伴。记得林语堂先生曾说："一个自然人必会爱他的子女，但只有受过文化洗礼的人，才会孝养父母，敬爱老年。"爱子女，是本能。

虽然"舍不得"是父母共同的爱意，但诠释"舍不得"的方法却家家各有不同。简单说来，有的父母受不了眼见孩子承受任何一点辛苦或委屈；但有些父母则比较能跨过短距离的感受，把生活的责任或困境当作是能力的磨练。我因为是成年孩子的母亲，确实了解子女成长之后，"舍不得"的爱将会不够用，也没有见过任何一个孩子能脱离现实生活的考验，所以我高度倾向于后者的教养态度。

前不久受台北一女中辅导室的邀请去与家长演讲时，有位家长提到，孩子已经高二了，功课、社团两忙，她自己虽然觉得生活教育也很重要，但心中难免为需不需要坚持如洗便当这类的生活小事而矛盾踟蹰。我的回答是，北一女的学生与家长当然是非常了解竞争的内涵；如果有另一个高二的学生既能把书读好，又能落实生活自理，她就是竞争的胜利者，这是再简单不过的现实。而且，孩子面对的生活只会愈来愈丰富，有能力的人也只会愈挑愈重，胜任愉快地兼顾各种生活的平衡，而不是以此补彼，因此，父母应该把小不舍化为大作用。演讲之后，校长也加入讨论，她对此深表同意，只因为校长跟我一样是成年孩子的母亲，一路看着家中的儿子负重任走远道，从学生生活走入职场，生活愈来愈忙碌。

我的居处对面就是学校，在进出之间会看到身背书包、乐器与水壶的父母或祖辈，他们的孩子常是无事一身轻，手里拿着零食或饮料，大摇大摆地走在"超级大书僮"的左右。每一见到，我总忍不住要指给先生看，然后我们会一起回想那个对我们来说已十分遥远的育儿年代。在回忆与说笑间彼此对问：为什么父母不让孩子多少拿些东西？如果怕背包太重会妨碍成长，也可以把其中一些物品拿出来，放在另一个提袋，再帮他拿，而不是一整个书包都接手代劳。

我们这样想是因为，书包由谁背并非只是一个实际重量的问题，也是亲子之间表达尊敬的必要形式。人生自上学的那一天开始，就启程了负担慢慢加重的旅程。无论身体或精神，我们都会需要有人与我们分劳同担，却很少有机会能完全卸重于他人；当得到长辈的怜爱体恤时，一个人的体贴之心与伦理尊重之感立刻从精神面落实到行为上；所以，小朋友应该从"背书包"这样的真实小事开始学习为人处事与面对未来的态度。

光谈"爱"是很空泛的，但如果把体贴化为分担劳苦的杂务，爱就可以在生活中处处生辉。我总觉得，有能力爱人的人会比较快乐，因为"爱"是一种创造与改变，在为他人创造舒适或快乐的同时，我们肥沃了自己的心田，这就是我所认识最"有机"的生活。而"家庭"也是最适合人从"感受"去"学习"爱的地方。当我还是年轻母亲的时候，我就让孩子借着对家人的服务而了解自己的有所贡献，而不是跨过家庭先去做小区服务。自我价值的完成必须由近而远，否则将被外求的肯定混淆了真正的意义。

前不久，有位妈妈告诉我说，她有一天忙到来不及回家做饭给孩子带便当，但回家时，小五的女儿已经用冰箱所剩的食材为自己做好了一个简单的便当，她看后心中的安慰难以形容，而我听后，真为她感到高兴。这的确是过去的孩子多数都能想到并能完成的体贴，但如今"舍不得"却阻碍着爱的正常成长。

如果孩子顾念家人，就要把心意化为行动，让爱启动循环。虽然，受父母疼爱的孩子好幸福，但是，有能力回应这份爱的孩子才会好满足。

带孩子自己做便当并不需要有高明的厨艺，也不需要准备复杂的材料或工具；只需要一份即知即行的心意。如果无法利用晚上的二三十分钟带孩子制作一份隔日便当，也可以在假日腾出完整的时段，一口气做几个便当冷冻起来供上学日用。这种生活实作只要不间断地经过几个月，父母一定会发现，就在"带领"慢慢转为"接手"的那一刻；孩子已经自然而然地从"照顾自己"完成了"分劳爱人"的过程。体贴从甜言蜜语升华为家人之间真正的关怀。

最简单的咖喱饭便当

材料 //

任何根茎或十字花科的蔬菜

洋葱

市售咖啡块

肉或海鲜

做法 //

01 把洋葱炒香。

02 切蔬菜时如果多考虑一下形状之美，做出的菜就更细致。如图中的红萝卜只要把锐利的菱角用削皮刀修饰一下，咖喱便当打开时，心情就会更好。

03 材料炒香后用适量的水滚煮至熟，加入咖喱块搅拌均匀。

04 浓度与味道都尝过后再微调。装便当时饭与酱分层，蒸过更好吃。

小提醒

做便当一定要注意的几件事：便当是隔日或几个小时后才吃的餐食，保存的关键是不易滋生细菌的正确温度。冷热交错最易酸败，因此热饭与凉菜不可以同置一盒。如果要以晚餐的菜直接装盛，便当菜一定要先分出，不能吃剩再做便当。

"收"与"送"的真意

生活在物质过剩的时代，我们应该带孩子认识礼物的定义，
真切地了解"送出"与"接受"一份礼物的需要与感受。

　　超商的糖果架前，有个孩子在哭闹，夹在母亲不允许的制止声中的是他理直气壮地大声喊叫："我明天要去学校分享！"我走过他们身边时，突然觉得自己年纪好大了，因为"分享"这两个字开始用在儿童教养的时候，自己的两个女儿都还好小。转眼二十几年过去，教育的播种开始收成，如今当孩子用起"分享"这两个字时，身边的大人并不觉得这个词好美，反而有一种进退两难的尴尬。

　　教育的细致处在于无法完全概念化，教一个孩子愿意"分享"，本来是要教他为人慷慨的善意；教他"施比受有福"本来是想突破人都有的贪得自私，只是，这种价值教育无法借着一种形式推广，要一点一滴在生活经验中分辨。如果忙碌的父母或轻忽的老师只简言这些行为的好处，孩子们难免误会这么复杂深奥的想法；因为，他们的经验还不足以进行分析与判断：哪些礼物不该送？哪些分享已过分？

　　多数的孩子收送礼物的经验都是从自己的生日或圣诞节起始。无论送与受，具体物质背后的真心诚意才是礼物的精神。虽然圣诞气息已经很商业化了，但是有一首可爱的歌曲也许能转化孩子对慷慨与礼物的想法。

　　歌中说，红衣红帽、忙着张罗送礼物给小朋友的圣诞老公公在浓浓大雾中无法出发。啊！他想起了那常被同伴嘲笑的红鼻子驯鹿，于是，圣诞老公公问说："亲爱的鲁道夫，你愿意来帮我拉雪橇吗？因为你那明灯一样的鼻子，可以为我们指引方向、照亮路途。"红鼻子驯鹿鲁道夫从此成了圣诞老公公的大帮手，领着雪橇到处奔忙，载着圣诞老公公伴着哈哈笑声，把小朋友们期待的快乐分送到天涯海角。从此鲁道夫不再感到自卑了，它知道自己原本奇怪的红鼻子是这么的有用，当其他驯鹿羡慕地说"鲁道夫，你会名传千古"时，它成了原本不愿意跟它一起玩的驯鹿眼中的英雄。"千万不可自觉渺小"的叮咛，透过这首可爱的歌传向我们每个人的心中；圣诞老公公并没有送给鲁道夫一包打了蝴蝶结的东西，但是，他送了鲁道夫一个好大的信心当礼物。

　　这几十年来，许多幼儿园或小学会在十二月说圣诞老人的故事给孩子们听，有些更鼓励孩子们在圣诞节交换礼物。也有父母花很多时间为子女选购礼物，既担心所买的东西不是孩子所喜欢，又担心如果不送会失去孩子对圣诞老人的信心，因而也失去他们对人世的信赖。这些出发点都是好的，但结果却不一定如人所愿，所以，我总在十二月的歌声中会想起施与受的真谛。告诉孩子，这个欢欣活泼、由事实与虚构合成的愉快老人所代表的慈爱与体贴，千万不要把送礼物形式化，因为，圣尼古拉斯的故事是从"帮助别人"而带出我们每个人的心灵需要；我们真正需要的是"关怀"，但不是每一种关怀都能以物质来代表。当礼物被送出时，它必须带着赠送者的关怀与了解，而礼物被接受时，也该响应以全然的感谢；如果其中有一方失去了这些感受，物质礼物就是多余的举动了，并不能加深节庆的愉快。生活在物质过剩的时代，我们更应该带孩子认识礼物的定义，真切地了解"送出"与"接受"一份礼物的需要与感受。

如今每有机会透过演讲与年轻父母见面的时候，经常在提问中听到"物质充斥的现象大大影响了孩子对生活的想法"之类的忧心。不少父母提到，孩子们小小年纪已养成彼此馈赠礼物的习惯，有些甚至因为父母不允许以高价的礼物回报，而偷窃家中的钱财。可以想象父母们的担心；他们不知道该不该让孩子接收礼物，也不知道接受了该如何回报。孩子不只聚会过多，收送礼物也已变成习惯。我认为，不只这种习惯不该养成，有些物品更不应该出现在孩子的礼物范围之内。想要拒绝这种馈赠的父母，无须因为某些考虑不周的家庭而改变自己的原则，课堂老师更应该居中教导。

不对称于情感与能力的礼物就是讨好或收买，送礼是一种品德教育，由老师来集体教导最适当。

不必要或价格过高的礼物除了成为家庭经济的负担之外，也养成孩子对情感不适切的认知。有些孩子透过送礼物博取认同或重视，有些孩子以礼物的价格来分辨朋友的等级，如果孩子没有被好好教育这些价值观，他们很可能一辈子都受物质的操弄控制，也可能习惯借物质去操弄或控制他人；这样的人会有什么损失呢？答案很简单，他们将失去的是人性中最美好的信任感，人事物的价值会在这样的心上全都论斤论两地以金钱来换算。

十二月是一个可以带领孩子用心思考收送意义的好机会。无论是一张卡片、一个家庭角落的布置、一场亲友间的餐聚，或者想要传达问候祝福美意的轻食礼物。试着抛开到商场购物的想法，做一个孩子送得起、收的人会感到温暖无负担的礼物。

我的实作，你的灵感

缎带礼物盒

材料 //

缎带、瓦楞纸、双面胶、纸丝

做法 //

鼓励孩子从照片中的盒型想一想如何完成，不要直接提供方法。并引导
孩子思考盒身力量的支撑。

相信自己的眼睛

有时候，我们应该只给孩子目标，不再建议方法，
但同时给一点时间让他们去摸索达成目标的途径。

　　虽然有句话说"眼见为凭"，但要人根据自己的所见去描绘一件事，真是不容易。即使大家不断地讨论要给孩子更开阔的"教育"，但因为各种才艺训练愈分愈细，孩子们常常把"上过课"与"会不会"误以为是同一件事。

　　我经常在课堂上要孩子图标某些器具或过程。小一点的孩子会以"有没有学过画画"来回应；而大一点的孩子，则以"我不太会"来表达他们的信心程度。我总是告诉孩子们说，没有人是不会画画的，只要把眼睛看到的用笔记录下来，就是画画。我又告诉他们，我也没有学过画画，但拿起笔，信任自己的眼睛所见，想办法用不同的线条方法存留，通常都能画出有用的图像。

　　我们整天都在看事物，但很少被教导要相信自己的眼睛。对此，我有个难忘的经验。

小学四年级的美术课堂上，老师要我们去写生，画题是当天的操场所见。全班五十个人当中，只有一个同学画下真实气象中风雨欲来的山海交错，其他小朋友笔下所现，全都是标准的风和日丽和蓝水绿山。孩子们有这样的表现，我认为有两个原因，一方面是我们画的是平日印象中的景物；但另一种影响也可能是，从来没有人教我们要定睛眼前、仔细观察。所以，我们就根据一般人画画中所呈现的理想状况去描绘一个并非如此的景况。

　　写生课当天，全班同学们散落在操场的各个角落，我看到班上同学林茂政的画纸还没有完全干透，水彩的湿度使他的画纸微微凹凸，三仙台由深浅紫色构成，透露着烟笼雾锁中的气氛，把远天、石台与海水层层地接连，又清楚地界分开来。那幅紫色的三仙台给我的震撼一直停留在心中，使我了解，相信自己的眼睛才能清楚地表达自己的理解，而后，一个人与另一个人的创作自然就不一样了。

　　这几年带小朋友的时候，我偶一回想这经验，总更深刻地领悟出其中的道理。启发天分原来是要鼓励观察，并随之教导如何具体地表达出观察的内容。观用眼、察用心，如果被方法条件紧紧捆绑，就会像当年我们画三仙台那样，放着眼前的真实情境不顾，一再延续印象中最权威的建议。

孩子身陷在"过度受技巧牵制"与"完全不理会经验价值"的两个极端时，亲师应该更深度地了解孩子的心境，给予最有用的引导。这无法归纳为人人适用的准则，只能靠认真检视工作成效来给予明确建议。

为什么我认为孩子们不再相信自己的眼睛？因为当我要他们画一个眼前的工具时，他们考虑的是怎样展现老师所教的技巧，而不是自己所见最立体的一面。

有一次我要孩子根据记忆缝出自己母亲的发型，有些人做出来的却是美少女战士；当我期待读到他们用文字形容一个简单真实的感受，孩子却写下有如七八十岁的人对生命的感叹。太多的不真实使我惊觉孩子的远离观察，框架于成人眼中优秀作品的实情。

有时候，我们应该只给孩子目标，不建议方法，但同时给一点时间让他们去摸索达成目标的途径，请他们运用已知的经验来解决眼前的问题。只要他们相信自己的眼睛、坦然注视着目标，不同的解决方法一定会出现在一步、一步的实作中。

我们给得起的时间——
思考与实作的阶段性实验

从纸黏土到食材

给孩子一个锅子与酥皮作为材料，只说明材料与蛋液在烘烤后会出现的结果。为提供食材操作前的思考，同时以纸黏土作为练习，并建议工作的三个程序：先画出自己的设计图，再用纸黏土做出模型，等摸索出工法与工序，再领取食材制作成品。

做法 //

01 先画出观察锅子后的草图，特别注意如锅把、顶盖的黏合细节。

02 再依自己的草图以纸黏土做出模型。

03 给孩子两小团油面与水面。

04 以水面包油面后卷起，再用手掌压平，如此反复几次。

05 如做模型般，再完成一次面锅，但因面团有弹性，因此要更用心才能做得跟模型一样好。

06 刷上蛋水后进炉烤。

耐力磨出真功夫

教育理当循序渐进。

先从知道"怎么做"来领受各种能力，

而后慢慢养成能自行探究"做什么"的方向感。

中国第一本手工艺技术汇编《考工记》的开篇中说："智者创物，巧者述之。"传承与创造，本来就是能力的相连，是无法，也无须选择存废的教育。如果成人在无意中曲解了创意的定义，偏重"与众不同"或"随心所欲"才是创意，孩子是有可能不肯好好扎实于基本的练习。

任何一种艺术或技术都是从自然而成为规范，又从规范而僵化为死板；但避免死板的方法，并不是不要遵守规则直接创造。我很喜欢梵高的一句话："习作在哪里结束？创作从哪里开始？"这个分不清的界限当然需要很深刻的自省，但答案在画家自己勤奋的笔下了然于心。连看起来最轻松容易的诗人李白，也留了很多下功夫的拟古诗作，所以杜甫说："李侯有佳句，往往似阴铿。"这"似"解说了学习没有轻松的路，要把事情做好，一定得下功夫，也要珍惜他人所贡献的经验。但下功夫的过程，应该给孩子一点空间，因为每一个人适用的方法可能都不一样。

"基本功"本来是一个很好的词，帮助我们了解很多事情在结果上虽然看不出它的重要，但如果没有这些稳固的基础，就不能看到令人欣赏的成果。"基本"的意思，并不是简单轻松的工作范围，而是日积月累的深化，还包含那些自己以为很熟悉的事物都得不断反复的事实。

想想，我们的人生总是不断设法弄清楚两个问题：一是"做什么"，然后是"怎么做"。而我们从小所受的教育，也都是为了要帮助自己在这两个问题上有独立思考的能力，以及完整运作的实践。只是，这样的教育理当循序渐进。要先从知道"怎么做"来领受各种能力，而后才能慢慢养成自己去探究"做什么"的方向感。

完成同一件事物也有各种不同的方法，思考的自由并非不设目标，而是开放达到目标的路线。一个不停地被喂养方法的人，当然不需要思考新的方式；同样地，还没有打好基本功夫就被鼓励"要有自己的想法"的孩子，又能提出什么样真正有用的见解？

我喜欢先让孩子们知道在一堂课里"要做什么"，至于"怎么做"，则可以允许他们有自由的方法，只不过，方法自由并不是不计结果。我从不把"无中生有"当成创意的第一步教育，而把"想方设法"看为基本功的必要养成。设法的心灵可以拥有自由，也在完成自我思路的建造时才会深刻地感觉到知识的重要，于是克服困难、绞尽脑汁而后产生的结果才是真正快乐的学习。

我经常跟孩子们分析我交给他们的工作看起来虽难，其实一点都不难。我认为分析很重要，只要他们肯听、肯用，就能化繁为简，找到自己完成的方法。比如说，缝一个袋子很难吗？并不，因为只要好好弄懂穿针、引线、打结、出针、入针，学会缝出完整的一针，就可以连结所有的布片。孩子如果不经过这样的引导，同一种困难会不断重复，不但影响进度，也挫折信心。这种学习者的特征就是静不下心来，只不断地问："然后呢？然后呢？"

"然后呢？"是一种信心不足的问法，而这种信心不足包含了两种心神状态：一是不知道所做之事的全景观；另一是没有集中精神于问题之上。两种状态都需要教导者清楚地指出应该如何调整。如果是不会打结，就先把打结学到熟练，千万不要缝几针就帮他们打结，因为代劳不只浪费时间，也会误导孩子学习的习惯。同样地，如果是弄不懂入针与出针的对应关系或混淆方向，先不要做目标成品，而要求孩子分解动作，先在一块布上把"一针"弄清楚；如此一来，若在做成品时有错误，他们也知道问题应该如何解决。

　　我从不小看在这些事情上所花的心力，因为，起步艰难的工作虽然不讨好，一旦进入情况却会节省时间。作为孩子各项生活功课的老师，我期待自己透过清楚的语言与分析，提供各种具体的目标来引导、备询、鼓励、推动，并检视完成工作的质量。我认为这不但是一种可行的训练，也因此能从务实的工作中激发他们创意的灵光。

多些观察与思考——
一朵纸花

孩子们应该多观察，有目标的观察是具体可分析的，不落入空想。

比如用纸做一朵花并不难，但要把一朵花做得生动，就得观察大自然的花瓣。不需要提供孩子们如何完成做这朵花的步骤，但允许他们有时间想一想，也要不时推动一下孩子常有的耍赖。透过观察的分析可以加强记忆，这些能力都可以从生活实作中来培养。教导孩子的时候，老师也应该是提问者，而不是答案的提领机。问问他们：

做法 //

01 用手撕的纸与用剪刀裁出的花瓣，哪一种看起来更接近真花的感觉？

02 花瓣如要有曲度，在圈围时该怎么做才能复制出那种效果？

03 有具体的问题就可以激发思考，没有现成的材料包，但你可以教导孩子的自由思考。

深度参与

多元本是希望孩子受教育的心胸如置身于一座优美的森林中，
但我们的"多"却似乎造成了孩子见树不见林的短视。

这几年我一直努力地向幼教老师与家长们倡导一个观念：不要再把生活教育只放在"体验看看"的层次，应该带领孩子"深入参与"各项生活自理的事务，借此养成正确的学习态度与扎实的能力。

我讨论这件事，是因为"体验教育"的成果并不理想。而教育方法攸关着社会的收成，如果收成不好，大家就应该静下心来检视栽种培养的方法，进行更有用的调整。

对小小孩来说，父母要孩子去"体验"新事物是基于一番好意与期待，希望孩子更有眼界，了解这个世界很大，内涵包罗万象。但我们并未顾及"体验看看"对孩子来说会误解为"看过或做过"就可以了，既然世界很大，就要赶快再去看新事物。万一"体验"不能有效地转化为珍惜的经验，很可能会变成眼高手低的草率态度。大家只要仔细观察、静心聆听，就能看到有许多孩子动不动就表达出"我都知道了、都做过了"的不屑一顾。

孩子们活动太多，他们浅显的经验还不能分辨"丰富"与"过度"的不同。许多小朋友在不同的场景中眼花缭乱地跟着跑，如果父母又不给予经验的加深辅导，他们就以为学习只要当个"看客"，很容易就不耐烦。而父母对于孩子不想认真参与，也不该鸵鸟地用"他应该是没有兴趣"来解读，久而久之，便有不少孩子及至长大成人还用"没找到兴趣"当不肯独立负责的挡箭牌。

永远需要新鲜感、活泼有趣的教育，是近年来的教育主张。再回到教育是耕耘与收获的思考上，比较过几个世代的方式之后，我认为如今表象的多元已经严重地影响了孩子安定学习的事实。把原本统一在一个主轴的教学分为许多科目，只是看起来比较"多"，但与真正的"多元"相抵触。多元本是希望孩子受教育的心胸如置身于一座优美的森林中，但我们的"多"却似乎造成了孩子见树不见林的短视。

一百年前，杜威曾说："教育不是一件'告诉'（telling）与'被告诉'（being told）的事情，而是一种主动的、建设的历程。这个原理在理论上，无人不承认；而在实施上，则又无人不违背。"

不断提供表面的新经验来满足学习，只是使一个孩子处于"情绪的兴奋"，但并不等于提起"学习的振奋"，前者是以旁观的、不考虑成果的状况加入环境，后者却是清楚目标并克服困难的过程。同一个环境、同一种年龄、同一种基础的学习者，"感觉兴奋"的孩子前热后冷，毫不在乎结果，而"学习兴奋"的孩子却心领神会、渐入佳境。我认为这并非是谁与谁天生兴趣不同所造成的成功或失败，而是在受教导的过程中，被建立的价值不同。

父母一定不要错用"兴趣"两个字，平白耽误了孩子本可建立的专注。因为专注与兴趣一样，都是朝向结果的美好步伐。

三年前，当我带着一群大班与小一的孩子一起包水饺时。习惯体验看看的孩子希望的是"第一次就会"，如果做不好，干脆用小拳头就把材料砸了，然后不以为意地说："我不喜欢，我对这个没有兴趣。"因为，体验活动并不计较他们的成果，只希望他们身处在这份经验里时很高兴。但在同一个课堂上，另有一些孩子虽然面对的是同样陌生的课题，一开始也遇到无法顺利操作的困难，却能不分心于自己的挫折，也不茫然只等待旁人发现他有困难所伸出的援手。我观察这些孩子与困难相处的过程是，先安静地看别人成功做出的经验，再试着摸索达到目标的方法，整个过程充满了"研究"的气息，实在非常可爱！

又过了三年，我在同一个学龄的孩子身上做类似的实验。

发现在体验教育下成长的新新一代，使他们出色的条件，光只是拥有"研究精神"已经不够了，因为，很少有孩子在新奇感过后继续坚持做下去。我给他们做虾饺，包到第三个以后还能继续为保持作品的质量努力下去的已不到一成。那一成的稀少虽使人对教育感到兴叹，却足以提供父母对"竞争"的了解；要在一群跟自己一样识多见广的孩子中出色，坚持与耐力再度成为最可怕的敌人。

在时间与材料都足够的情形下，反复寻思练习是愉快的学习。"精益求精"就是这样心领神会的美好过程，我们应该努力提供孩子浸润其中的情境，这些经验将会转化为其他的学习的态度，回映出自然的专心与负责。

纤纤小手细细折——
鲜虾烧卖

带领小朋友做此类的工作千万不要机械化，非按某一种标准工法不可。有位小女孩做得特别好，是因为她掌握了每一折都要"黏"合的要点，并一再尝试如何以水与压捺的力量来达到好好黏合的目标。这种体会就是学习中一再强调的"理解"，而先行于理解的是"观察"。

让孩子享受学习的过程，鼓励他们要做到最后一颗都一样美。

材料 //

细绞肉、鲜虾泥、盐、胡椒、馄饨皮

做法 //

把馅料调匀后，做一颗为示范品放在孩子面前，让他自己先试能不能自己做出一样的作品，真正遇到困难后再指点。

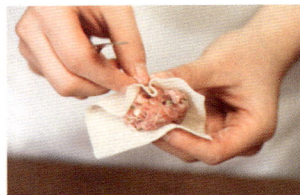

最难的一课：珍惜

珍惜的第一步是"不浪费"，

无论资源属于自己、他人或归于公共，

不该用的就绝不用。

在种种生活教育中，我觉得要教会一个人深刻地懂得"珍惜"最难。因为"珍惜"是一份必须在精神上深入，才能从行为中浅出的教养。

我们多数人都能做到爱护自己的物件，看重自己的情感，但换个立场，很可能对他人珍惜如命的事物就掉以轻心了。这样的心境算不上真正的"惜物爱人"。一个受过良好"珍惜"教育的人，不只能把爱护的情意响应于物质，对于非物质，如时间、情感，也怀抱着同样的敬意。珍惜的第一步是"不浪费"，无论资源属于自己、他人或归于公共，不该用的就绝不用。所有从"珍惜"为出发点所做的事，才能真正惠己又益他。

商业社会用精打细算来诱惑大家买更多的东西，于是，我们的生活中充满了赠品、折扣、累计优惠等永无止境的促销方案。

有时候，连我这样五十几岁、对买卖经验一点都不陌生的人来说，也弄不清楚一份商品真正的定价，更何况单纯的孩子？同样的东西买第二份只要"一块钱"，如果只买一包就远远超过它应有的价值。但没有人认为这是强迫购物，只视为优惠。

有一天，我在超商听到一个阿嬷带着小孙子在采购日用品，她对孩子说："买一包要69元，两包只要90元，你说买一包还是买两包比较'划算'？"作为一个旁听者，我认为这道题目如果不是单纯在考算术中的除法，那真是太难回答了。该买一包还是两包，不是算数题，而是既属经济，又属生活管理，或更高深的生活哲学。即使这个年幼的孩子能懂得90除以2所得的45元比69元便宜25元，但没有人教他，这两个绑在一起定价的商品，真正的价"值"是偏向哪一方；他的生活中，是否需要两包的量？

又有一天，排在我前面买东西的人抽中了一张1000元折价券，不禁快乐地低声叫了起来，接着我听到售货员很冷静地告知她，那是一张在某某邮轮上才能使用的赠券。诸如此类的事，我们每天在生活中都可见到。

"划不划算"是一个好问题；往往我们以为在金钱数字上占

到便宜时，却在另一种更重要的价值上吃了大亏。难怪有人说："知道价钱的人真多，了解价值的人真少。"要有正确的价值观才能培养珍惜的习惯，所以成人千万不能让孩子以为在金钱上斤斤计较、占了数字便宜就是划算。

过去为要孩子了解粮食的得来不易，先从朗朗上口的诗句教起。现在，有很多儿童还是会背"锄禾日当午，汗滴禾下土；谁知盘中餐，粒粒皆辛苦。"他们也都去过田中劳动，亲身体验谷物的结实不易，但是，为什么这些孩子吃东西时照样挑嘴浪费？

时代改变了，所以惜物爱人的教育更应该努力配合孩子们生活的现实世界。如果单从口头的告诫，实在很难成功。每当看到孩子们在外浪费餐厅的食物、损坏公共的物品，而没有人制止时，珍惜或环保就是停留在口号的教育。尤其在外食已经成为生活常态的社会中，餐桌上的教育更不知道要从哪里做起？"珍惜"的教养又要在哪里扎根？

在吵杂的环境中，成人很难示范吃一份餐点时惜物爱人的基本态度。当孩子在餐桌上玩弄物品、泼洒一地之后，父母除了不好意思之外，并无须为这些行为付出行动代价，这与家中餐桌发生同样状况的心情无法相比。"同理心"在商业环境丧失，对孩子是最不公平的，因为，他们本该透过生活的实际经验来了解"珍惜"是"善用与尊重",既要尊重服务的人,也要尊重物品。因此,一切都靠大人好好来教导。

有一次,我看到小朋友从袋中拿出自己做好的围裙,就像梅干菜出瓶一样,心中一阵怅然,觉得好可惜,不由得在心中怪起家长没能掌握机会教导小朋友珍惜拥有一衣一物的机会;同时,脑中掠过童年母亲教我烫衣服,以及我教两个女儿由整理物品以落实珍惜的情景。

女儿从小帮忙整烫衣服有三个理由:一是,家事一定要帮忙;二是,他们身上的衣服在穿不下之后我都会转送他家,所以要好好爱护;三是,整理过的对象与环境最美,这种了解必须源自实践。

每个孩子都爱漂亮,却不一定知道东西是透过整理、爱护而更有价值。如今我们忙着开发新地区、忙着买新产品、新衣服,只不断把希望寄于未来与未有,却忘了要好好对待身边与眼前的一切。帮助孩子了解漂亮并不是小小年龄就允许她自己搭配衣物,不分场合的奇装异服,擦红抹绿,而是借着行动发展他们的审美观念。

爱美的观念与生俱来,多数的人遇上美便有感应,孩子只是没有被指引出:一条洗得干净并烫得平整的围裙与一团皱巴巴的围裙,看起来的不同;穿起来所展现的信心也不同。美的脆弱需

要维护，美的稀罕人人有能力创造；当孩子了解自己也是美的一部分时，他们就会愿意为此锦上添花，例如悉心爱护物品与环境、好好表现举止仪态等，这些行动全是"珍惜"最具体的表现。

我觉得在一个疯狂购物的时代，我们应该从自己做起，给孩子一个"珍惜"的榜样，努力做到：不需要的不取，已拥有的都善用。每当我看到孩子踏实照顾自己身边的环境，小心爱护任何一件已经拥有的物品时，我就一点都不担心他们对自己心灵的养护，也不担心他们抵挡不了社会物质洪流的冲击。

烫衣服的示范与给父母的心理教学

教孩子烫衣物并不可怕，知道危险的人才能因小心行动而避开危险，因此大人的仔细说明很重要。

小提醒

01 调整熨板架的高度，并检查是否非常稳固。

02 从小手帕或抹布这类与日常生活相关、简单平面的对象学起。

03 烫完衣物后，关于器物整理及收存的方法也要一起教，不要把教导只做一半。

04 不一定要为孩子特地去买无线熨斗，了解危险的存在，并小心地处理问题，才会增长一个孩子的生活能力。

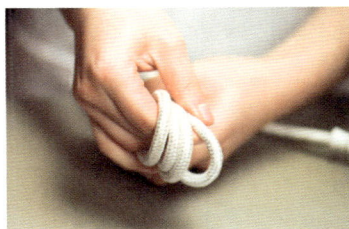

言谕

人与人相处要把话说清楚，才不会让情绪的表达混淆了真正的心意。

说身教很重要，并不是指言教是多余；精确温和的言教犹如路标，能帮助孩子找到价值与行为的光明大道。

对孩子说话要正直而温和，要宽大但谨慎，也要简单却不霸道。

用话教导，用心学习

良好的谈吐无法恶补，给孩子好的语言习染；
当他们误用语词的时候，
也要教他们说话要想到别人，别伤人。

有很多人说"教育不要太严肃，孩子总有一天会懂事"，我认为这是一种"危险"的说法。果真如此，这个世界所有资深的父母都会站出来请年轻父母放轻松，而不是偷偷地感叹，并希望大家好好对待小朋友。成人应该能看清，有些小时候被制止的事，长大之所以不再做，只是因为不再好玩或得到自主权了，而不是真正分辨了其中的是非；例如跳沙发、偷糖吃……但他们会去做另一些让人烦恼的事。

认为教育不能严肃的人是曲解了"严肃"两个字的意义。而我要从两个有教育意图，却达不到理想的例子来分享"严肃"的必要。

我认识一位很热衷于教养的妈妈，她为了要教孩子体会盲人的生活有多不方便，借此提高他们珍惜自己的天赐并同情弱者，特地找一个晚上让孩子蒙上眼睛用餐。因为少了视力的导航，食物弄得一脸、一桌，混乱无比，但根据孩子们的追述，这场活动带给他们家三个小朋友的并不是对盲人生活不便的身受与同感，而是好玩。他们说，那是唯一一次，当他们把餐桌弄得一塌糊涂时妈妈没有生气的晚餐。

以他人的情境来引发自身感受的教学，我也现场看过一次失败的经验。那年我因为担任教师奖的评审而去了几所高中访视，其中有一所学校的英文老师为了配合讲述海伦·凯勒女士的课文，在深度阅读的项目中特地设计了一堂校园行走活动。活动方式是每两个学生一组，其中一位蒙眼，另一位则充当引路人，牵着蒙眼者去探寻几处较有特征的角落。每到一处，引导的同学就对蒙眼的同学进行说明，充当老师，犹如海伦·凯勒幼年时莎莉文老师对她的教导。以教案本身与课程的连结来看，这设想其实是很合理生动的，但是，当天我在现场看到的却是一片充满兴奋的混乱。理由很简单，因为这是一个男女合班，在随机分组中，这些高中生因为难得有手牵手的机会，早已心慌意乱到忘了要当莎莉文老师或体会海伦·凯勒的心情了。

很幸运，这几年来我能有机会跟一个天生视障的孩子一起工作。第一天开始教可扬烹饪的时候，我深深地感受到，我们多数人学习时是多么"不严肃"，以至于本来都受"心"统筹的其他感官也失去了应有的能力。仔细想想，"体会"或"体察""观察"这些词汇我们用得很虚浮。当我教了盲眼孩子之后，才知道，如果立意不严肃，把眼睛蒙起来也不能帮助一个人了解"失明"的意义，而"同情共感"的好意也不是用这种方法可以传递的。

我教可扬的第一天，看到他不用眼睛却能透过用心而精确地做事，突然想起年少时读过的一段警言："并非所有睁着的眼睛都在看；也非所有闭着的眼睛都在睡。"原来，失去眼睛帮助的人，如果用心，虽然辛苦也一样能对许多深义"了然于心"。

与可扬上过两年课之后，工作室进行了一次内部大装修。我本来有点担心可扬要重新适应新空间会需要很多时间，没想到他只用了十五分钟，就把所有的改变"摸"得一清二楚，并把新旧空间的差异做了整理；他凡走到改变处，都会重忆起修改前它们的旧配置，对新课堂的动线也行动自如，全无障碍。

记得可扬在第一次抵达工作室那天，是根据他姐姐先前为他制作的立体地图为参考，在现场以触摸进行空间的定向。工作室有一百多坪（1坪约合3.3平方米）、分为四个大空间，其中有高低相接与各种设备和空间屏障。明眼的孩子常因为不看清或轻忽而有失误，但可扬无论是火、水或机器的操作，都能深入参与，精确掌握，也只有他，因为仔细聆听而永远把材料、工法、注意事项记得一清二楚，还在课后回家又写成笔记，给了我教学上的温暖回馈。

我经常在可扬来上课那一天会感到特别快乐。我自认为自己是一个公平的老师，所以这样的感受并不是因为我对可扬的偏疼，而是因为任何一个老师站在讲台上的需要。只要是老师，就希望把自己的所学与经验传授给席中的学生，唯一能让一位老师感受到自己的价值，帮助他热情不熄的，只有乐意学习或珍惜机会的学生。可扬看不见我，所以，他不会知道有多少次，当我对着一群蠕动不停或意兴阑珊的孩子而感到失望或担心的时候，是因为看到他坐得挺直、侧耳倾听我上课的模样而受到鼓励。

有好几次，我想起了那两次失败的"盲眼情境"教育，转而思考为什么我们用别人的"失去"来教导珍惜，而不更积极正面地指出自己的"失去"。但如果我们不严肃，许多有用的反省就不会出现。

现在的小朋友因为生活不再单纯，语言受很多不良的影响，用词粗糙肤浅。有一次，有个小朋友与可扬同在课堂，对一个他不认同的比例提问，说："Bubu 老师，馅那么多，这样不会太瞎吗？"虽然他才七岁，但既然说了失礼的话，就是大人应该严肃教导的时机。

我主张成人要经常以用词为主题，直接跟小朋友讨论他们的言语习惯。让他们了解，为什么有些字句不可以用来指称或形容。

如果他们了解这个世界上的确有人失去视力，那么，不应该用"瞎"来代说"糊涂"，这是同理心的表现；也有人因为各种原因而失去智力，因此就绝不能用"白痴"来笑骂他人。还有小朋友把"残废""跛脚"拿来形容行动慢或懒洋洋，这都是哗众取宠的说话习惯。

良好的谈吐无法恶补，良好的谈吐也不是博取他人好感、故做客气的说话技巧。但说话诚恳、用词精确的孩子总是在竞争的环境占上风。所以，给孩子好的语言习染；当他们误用语词的时候，也要合情合理地制止并释疑，教他们说话要想到别人，别伤人。

看不见的可扬，用心做完一份工作后，就能坐下来打字，做出完整的工作记录。

孩子的学思笔记

这是可扬在一堂课后给我的笔记中的一项：

橘皮提篮

利用横切一半的橘子做成一个提篮，先把橘子剥出来留下完整一半的橘皮，贴胶带的部分不可以剪掉，提把不可以剪太粗，否则容易断掉，最后再把两边的提把用麻绳绑一个蝴蝶结，蝴蝶结的耳朵不可以太大。因为我还不太会用剪刀剪直线，所以这个橘皮提篮对我来说很困难，后来是妈妈牵着我的手拿剪刀才完成作品，下次我要先练习好用剪刀剪直线还有绑蝴蝶结。

请孩子蒙起眼睛用剪刀做一件简单的作品，也许他们能体会可扬的感觉，也能了解感官齐动就是"用心"的踏实感。

01 利用横切一半的橘子做成一个提篮。

02 先把橘子剥出来，留下完整一半的橘皮。

03 贴胶带的部分不可以剪掉，提把不可以剪太粗，否则容易断掉。

04 最后再把两边的提把用麻绳绑一个蝴蝶结，蝴蝶结的翅膀不可太大。

完成!

真心话的力量

拒绝的话语如果有个合情合理的简要说明，

不只能让状况更明朗，

也有助于缓冲因为拒绝所引发的失望。

担心，害怕，情况不允许跟能力不够，大概就是我们要制止或拒绝孩子的心情。先弄清楚自己的真心，拒绝的理由听起来才不会模棱两可或不可思议。

我曾在超市看到一个小朋友抱着一颗水梨说："妈妈，我想吃水梨！"妈妈回头从孩子手中拿回那颗水梨重上货架，她指着跟橘子摆在一起的香蕉说："太麻烦了，水梨还要削皮，我们买香蕉！香蕉剥了皮就可以吃。"那孩子看起来好失望，继续软声央求，用思慕、哀怨的语调喃喃不停。因为结了账后就离开，所以我不知道最后这对母女到底买了香蕉或水梨；但回家的路上，却一直忘不了他们之间的谈话。

我不是一个主张宠孩子的人，当然不会认为父母需要对孩子的要求百依百顺，但我认为所有的拒绝话语如果有个合情合理的简要说明，不只能让状况更明朗，也有助于缓冲因为拒绝所引发的失望。

就以买水梨这个情况来说，"麻烦"的确有可能是那位妈妈当天时间上的困难，但这个说法应该不会是她选取所有水果的常态标准，所以，如果妈妈能说得更清楚，孩子才有可能立刻调整心情，无须因为心愿未遂而只求目的地不肯罢休，到头来把母亲惹得心烦发怒。而如果母亲说明了今天的情况，如等会儿是要在车上而不能回家，或时间太赶，不可能吃还要削切的水果，那小女孩也不至误会母亲连为她削个水果都觉得"太麻烦"了。

为人父母都知道，在孩子一路成长的过程中少不了拒绝与制止。父母之所以不能答应孩子的要求或必须坚决制止某些行为，并非是随着自己的情绪起伏所施展的威权，监护的责任便是背后正当的理由，所以，请清楚地说明"为什么"。父母需要如此的原因有两个：一是孩子们不至于误会"死缠烂打"是毅力的表现，他们也需要透过理由来了解生活的现实；另一是，父母的说明也正教导了孩子拒绝别人的正确形式。

孩子们经常习惯说"不"，但很少说明理由，所以，每当我遇到孩子拒绝的时候，我先不强求他们"说清楚"，而是更加注意在拒绝他们的要求时是否阐明自己加以规定的理由。给他们一个说明事由的好榜样，然后，也请他们说明自己的心意；这样很公平。

比如说，不给孩子买小玩物时，用"我们家不需要这样东西"或"家里空间不够"比"没有钱""买不起"好。不准孩子超龄交异性朋友时，千万不要用"这会影响你的功课"当理由，以免他们拍着胸脯跟你保证，我的功课绝不退步。想清楚，功课退步是交友分心的结果，但就这件事来讨论，更重要的议题是，父母有责任要保护孩子未成熟的身心。

拒绝孩子的时候理由简单坦白最好，别用吓唬来教导孩子。有个奶奶不喜欢才上幼儿园的孙女经常带东西去给同学吃，因为她怕孩子也习惯吃别人的东西，但现在的小朋友经常馈赠，又被教导要分享，奶奶说不过孩子的时候，她把自己的担心说成了："不要吃别人的东西，那里面会有毒。"但孩子小，这种方法只是更困惑他们。

我因为经常跟小朋友相处，确认多数孩子怕的并不是被拒绝，而是怕自己的意愿没有理由地被排斥，因此，无论时间如何短促，也无论结果是否如愿，我都要给个合于逻辑、言语不粗糙的简短解释。

记得有一次，几个小朋友工作中好急躁，喧嚷着要我教他们煎肉。这份工作是有危险性的，所以，我需要他们守纪律、专心，要听从我对炉火的说明和时间的调配之后才可以动手。那天的孩子们都很小，他们也怕自己会受伤，所以静下来听我说话了，我们的工作因而很顺利。他们工作完之后，下一批孩子不明就里地冲进厨房对我发急，在我开口前，我听到那批与我合作过的孩子很可爱地替我挡驾了。他们伸出双臂，很男子汉地说："给Bubu 阿姨一点时间，不守规矩是很危险的。"那情景真让人忍不住一笑，我也在一张张脸上看到，真心的语言可以帮助大家节制自己的任性，更和谐地相处在一起。

跟孩子说 NO 的四个小提醒

Point01 忙碌的父母常因时间有限而不得不说"不"，如果能加强孩子生活自理的能力，我们将减少很多拒绝。

Point02 拒绝会引发一时的失望，所以要更注意自己所使用的语句与口气，不要让生活气氛随拒绝而低落。

Point03 拒绝如果是延迟或改期，一定要让孩子清清楚楚地了解，他们要以何种态度安心地等待。

Point04 要说服拒绝的孩子要用友善的方法，比如说，偏食也是一种拒绝，所以我不直接问孩子要不要吃，而在他们选择前，先诱导他们尝试看看。

话里的路

不要把自己对孩子的一片心意全部转化成有特定目标的训练或督导。
在"育"中教；只要我们愿意跟孩子一起理解生活，
指引的方法自然会出现。

有一天去市场时，无意中看到了一样可以跟小朋友分享的材料，高兴之余，忍不住在心中笑开了，脑中立刻浮现孩子们可能有的惊喜与兴奋。如何让孩子高兴，是成人共有的怀幼心情。

我常遇到年轻的父母问我该用什么方法来施行生活教导，而我总是说，不要把自己对孩子的一片心意全部转化成有特定目标的训练或督导。如果我们先看到"教育"两个字中的"育"，就会更重视在"育"中"教"，只要我们愿意跟孩子一起理解生活，指引的方法自然会出现。永远拿着特定教材，反而容易忽略随时出现的变化。

有家长听我这么说，继续问道："意思就是说，用直觉吗？"我怕说成"直觉"又要被误会了，因为，当我们看到直觉被付诸行动之后的结果，有可能误以为有如信手拈来般地轻松容易，但它的基础，其实是深刻的关怀与细心的观察。所以，我宁可说是"就地取材"。就地取材的意思并不是指随便、没有目标的教育态度，而是不执着于使用哪一种教材，或一定要采取哪一种教育方式才能得出好结果的信心。

比如说，用材料包就不是就地取材的教育，是便宜行事的教学法，应该尽量避免。父母或老师如果发现孩子在工作当中，解决问题的方法是直接问："然后呢？"就更应该要避免材料包的教学法，因为材料包是先替操作者思考，以特定路线解决"然后"的"下一步"该怎么做的说明书，作用偏向打发时间而不在于建立思路。

我所说的材料包不光是指手作品的步步引导，我也看到参考书犹如孩子解决课业知识问题的材料包。

我应该可以算是想象力丰富的人，当母亲之后，想象力更是我育儿灵感的泉源。我透过观察孩子、也观察环境中的条件，然后在最短的时间中就地取材、动手实作，以满足亲子之间的学习或生活享受。

我认为自己想象力的丰富或许跟童年玩具少有很大的关系，所以，即使看到现在的小朋友有整套缩小版的生活模型或玩具，却一点都不羡慕他们。因为，如果"玩具"是"游戏"的组件或工具，他们只是担任操作的工作，而我们是游戏与工具的设计师。

就以我最熟悉的厨房与餐具来说，只要去商场仔细观察一下，都能看到孩子在被设计好的套装玩具中永远重复做相同的事，说同样的话，这又是一种舍近求远的教育方法。生活里的三餐就有远远多过那整套玩具可以供应的灵感与快乐。

我深信，想象力是生活观察集合之后的再现，而不是以公式进行的训练。

这一顶可爱的厨师帽，是小朋友在听绘本时我临时起意的创作，只需要两张餐巾纸与一个订书机就可以完成。动手做做看，你一定会了解，想象力的翅膀可以带我们到处探访，使我们在看似平凡的日子中看到无穷的惊奇。

我的实作，你的灵感

厨师帽

材料 //

2 张大餐巾纸、订书机

做法 //

01 每顶厨师帽需要 2 张大餐巾纸，如果没有餐巾纸，可买软一点的纸来做。裁出 35 厘米（大孩子就要更大）的正方形。先用其中一张对折成长条，量过自己的头围，确定大小后，用订书机固定。

02 另一张的 4 个角先等分固定在圆圈的 4 个定点上。

03 把点与点之间的纸打折后，固定在点与点之间的帽圈上。这部分的黏合也可以用双面胶来完成。

小提示

1 帽子的基座圈高度要与帽子蓬松的部分有漂亮比例，对孩子来说，太高就不好看，建议可用 1：4 作为比例参考。

2 不要把蓬松部分的褶捏得太工整，它的可爱就在于能与孩子的自然相匹配。

藏在锅底的功课

正视生活与实用关系可以开创一个人的视野、能力与态度。
当这些能力的规模逐渐加大的时候，
人就可以更有信心地迎向较重大的责任。

我一向不主张用抽象的词汇或耳提面命的方式来教导孩子。比如说，嘴巴催促他们"动作快一点"只会让气氛更紧张，一定比不上直接提供"如何做"才能快一点的方法来得有用。父母常在孩子没能把事情做好的时候说他们"粗心""没有逻辑"，但孩子需要的是使他们进步的有效提醒，而不是笼统的责备。

如果教导与生活经验互为印证，亲子之间的谈话不只能更简单地达成共识，其中可变化的数据也一定会使谈话的内容更丰富。最近，我在一锅豆腐之间，与孩子共同体会了以耐心成就美好结果的功课，很希望能跟大家分享其中的美妙经验。

聚会的当天，我们带着几位小朋友为十二位大人做一套素食的餐点。其中有一道主菜是：煎豆腐片淋胡麻酱，我除了跟孩子解说摆盘的材料与要点之外，还告诉他们："豆腐要煎得外皮酥、内里嫩才好吃。"

在干锅中煎烤豆腐需要耐心，但要一个在工作中已经充满兴奋期待的孩子有耐心，多么不容易！通常，大人只是习惯在孩子无法静下心来的时候，以比他们更缺乏耐心的急躁在一旁摇旗呐喊地激励或指导，有时也会微有斥责地敦促他们"静下来，做事情要有耐心"，但自己已经是不安定的。

耐心的基础是"等待"，但绝不是无所事事，或不知所以的等待。所以，成人如果能在叮咛等待的同时，帮助孩子透过观察，找出促进事情成功的方法，那"等待"就不会如此难熬，而"耐心"也会转为下一次更积极的专注，与不怕等待的态度。

当天孩子分组之后，第一组在热炉台上持锅的是小五与小三的两个女生，他们的豆腐一下锅，就急着问我："老师、老师，可不可以翻面了？"那种兴奋，我不只听得出，也闻得到。我知道像这种时候告诉孩子"还不可以"是绝对不够的，所以，我跟他们说："要等到你用铲子可以轻轻推得动豆腐的时候，再翻过来，这样表面的水分散掉了，豆腐才会好漂亮。"小五的孩子把话听进去了，也马上掌握了这个要点，于是一份份漂亮的豆腐从她的锅中上盘、装饰、淋酱出菜，成功的经验在短短的时间中堆叠成强大的信心，于是愈做愈顺手。

小三的小朋友看到姐姐的成果，跃跃欲试，她实在无法"等到豆腐推得动"才下手，悄悄地就翻糊了其中的几片。我看到了，在心里想着"好极了！"这种微不足道的失败有什么关系呢？让她去试，只要在时间与条件上能进行检讨，失败对学习来说，是非常有意义的。我马上再给她一锅，要她试试"再多等一下"的感觉。就在我转身去做其他事情的时候，孩子虽然焦急，但心里有数的求救声又响起："老师，我的豆腐又坏掉了！"坏虽坏，但观察她的成品时，我看出她已经比上次又"多等了"一些时间，所以，其实更接近成功了。

　　我再跟她解释如何观察她的豆腐，并问她要不要仔细看一次隔壁姐姐锅里的豆腐"推得动时"是怎么样的一种状态。为了不想再失败，她自己静下心来，接受了我的几个建议。那天，虽然我们都没有提到"耐心"，但这三次心平气和地重做，就已经是耐心学习的事实了。我相信，只要下次再有人跟她提耐心的时候，她就知道"安心等待，弄清事实"原来就是耐心的意思。

　　在我的第一本书《妈妈是最初的老师》中，邓美玲女士曾为我写了一篇序文名为《藏在锅底的功课》，每当带着孩子一起在厨房工作的时候，我总会想起这充满期待与趣味的几个字。

如果锅底果真藏了一份功课，这功课说的一定不只是父母应该在家庭开放学习的机会，更是透过家事寻找教育孩子的线索。正视生活与实用关系，可以开创一个人的视野、能力与态度。而这些能力的规模逐渐加大的时候，人就可以更有信心地迎向较重大的责任。

具体的指导范例

很多父母会问，孩子何时适合切东西或煮东西。我想提醒大家的是，只要对环境安全有周详的考虑，并有大人专心陪伴，每一种年龄的孩子都找得到适合参与的家事项目。刚学拿刀的孩子，切软的东西当然比硬的合适；刚学着亲近炉台的小朋友，先做不要用油的加热则是更安全的尝试。这道干煎豆腐就可以让孩子试试厨师的身手与观察力。

做法 //

01 买一块板豆腐，让孩子切成他自己喜欢的大小。

02 在炉上把锅子预热之后放上豆腐，因为没有加油，所以不会有油爆的危险，父母可以安心地让孩子操作。

03 教孩子注意火的大小与热之间的关系。豆腐是软的，可以趁此机会教导如何以适当的工具来辅助一块豆腐地翻面。善用工具能创造更好的生活质量。

04 盘中的摆饰很重要，用的是孩子天生艺术家最擅长的眼光。不必局限他们的想法，通常只要给他们材料，孩子心思与手艺的精巧会使我们大吃一惊。

要孩子自己达成目标的实例

父母亲自己失去耐心时就容易把孩子当机器人教，只要求他们按照固定的方法学会一件事，而不愿意给一点自行琢磨的时间。如今学校已大量使用整理好的参考书、材料包，这些都是他人代为思考的教材，泯灭了教育口口声声宣告要重视的"创造力"。接下来的 DIY，请只要求一模一样的结果，但不要限制孩子用什么方法达成，你将会重新看到作业与观察、思考的意义。

01 以线切蛋

02 兔子蛋

03 小黄瓜花环

04 圈套柠檬花

要教育才有未来

　　交完二○一五年十一月"生活笔记"专栏稿件的隔天，我在"国教院"台北院区有一场演讲。等待开场前，几个人在贵宾室闲聊了起来。这种场合，话题总是很容易环绕在当父母的忧虑心情之上。

　　我提到刚在专栏中写"养猫"与照顾孩子其实一样。主持人刚好也有猫和小男孩，两相比较下，她问了我一个问题："为什么养猫就是比养孩子容易？"我立刻回答她："因为猫跟孩子的前途不一样！"答得迅速并不是因为我才思敏捷，而是自己在养猫与接触不断成长的孩子之间，同样的问题已萦绕心头千百遍。

　　一只猫只要负责表现到"可爱"就已经是它的极限了，没听说有人想把他的猫养到能独立生活，好有一天能不依赖主人。但一个孩子虽然在童年也受到父母如主人养宠物般的千呵百护，终究，希望他们成为一个在各方面真正独立起来的个体，是每一对父母对自己责任的基本期待。当我们讨论送补习、学才艺、挤入名校等观念，并批评那些观念时，相信大家也能了解，连过度教养背后的不安，也是希望孩子独当一面，出人头地所造成的。但，谁会为家里的猫不上进而沮丧或自责呢？

思考"猫"与"孩子"的不同，也许能帮助父母进一步检视自己在照顾上到底是"爱"还是"宠"。"爱"是有发展性的，是可以透过教育来完成的可观愿景，与有循环能力的责任交接；但"宠"是把心中视为珍宝的个体，关在笼子里供养照顾，终究只是为了收获可爱而付出的意愿，也只能一步一步走向有一天要分离的黯然神伤。

我有两个女儿也有猫，我爱他们的心一不一样呢？很相近，相近的部分，用滥情的说法就是"无怨无悔"：希望他们得到我最真情诚意的照顾与服务；那，不同的又是什么呢？我对猫所有不当的举止只觉得好笑或气恼（比如说抓家具或为要注意力而搞破坏），但我对猫从来没有过"担心"的感觉。

对孩子可就不一样了，养孩子很少"无忧无虑"的时候，总是从眼见的任何一点"近忧"，就要发展成"远虑"的教导。因为，一个人要坦然独立很难，他们先要站稳不带给他人负累的阶段，而后才会进步到对社会有用，这实在不是一件轻松容易的教育工程。

不过，我认为身为父母的人，可以把这种辛苦视为自己受前辈养护的回报，了解这是天经地义，就不会觉得责任是自己独有的压力。当我们做到把自家的孩子养好，不只问心无愧，的确也对社会做了很大、很大的贡献了。

我们需要一个安全的社会，这样的社会并不是下一代不受寒苦的温室，但意味着孩子们无论交友、工作或择偶，都身处在一个没有"从人性恶意"所延伸出的各种危险。能拥有这种安全的理由，就来自我们对教育的共识与付出。

我愿意以行动付出我对于这个价值观的确认，希望，您也一起来成全这样的安全社会，用好好教育自己的孩子来表达对未来充满希望的信心。

安定的妈妈有力量

教养在生活的细节里